ESSAI
HISTORIQUE ET CRITIQUE
SUR LE DUEL,

D'APRÈS NOTRE LÉGISLATION ET NOS MOEURS;

PAR LE CH^er J. A. BRILLAT DE SAVARIN,

Ex-Constituant, Conseiller en la Cour de Cassation, Membre de la Légion d'honneur, de la Société d'Encouragement pour l'Industrie nationale, de la Société royale des Antiquaires de France, de la Société d'Emulation de Bourg, etc. etc.

Ne quid nimis.

POUR LA SOCIÉTÉ DES
MÉDECINS BIBLIOPHILES

1926.

ESSAI
HISTORIQUE ET CRITIQUE
SUR LE DUEL.

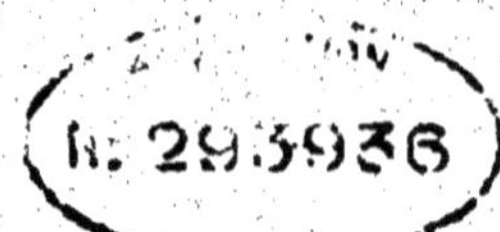

ESSAI
HISTORIQUE ET CRITIQUE
SUR LE DUEL,

D'APRÈS NOTRE LÉGISLATION ET NOS MŒURS ;

PAR LE CH[er] J. A. BRILLAT DE SAVARIN,

Ex-Constituant, Conseiller en la Cour de Cassation, Membre de la Légion d'honneur, de la Société d'Encouragement pour l'Industrie nationale, de la Société royale des Antiquaires de France, de la Société d'Emulation de Bourg, etc. etc.

Ne quid nimis.

POUR LA SOCIÉTÉ DES
MÉDECINS BIBLIOPHILES

M CM XXVI.

HOMMAGE

AU ROI

LOUIS XVIII,

POUR

LE TRIPLE BIENFAIT

DE LA CHARTE,

DE LA PAIX EXTÉRIEURE

ET

DE LA TRANQUILLITÉ PUBLIQUE.

Par son dévoué serviteur et fidèle sujet,

Le Ch[er]. BRILLAT DE SAVARIN,

Son Conseiller en la Cour de Cassation.

AVERTISSEMENT
PRÉLIMINAIRE.

Une question du plus haut intérêt a été, depuis peu de temps, présentée à l'attention des publicistes et des jurisconsultes. Elle a pris naissance à l'occasion de la nouvelle jurisprudence que quelques cours royales ont adoptée sur la matière du duel, et par le refus qu'a fait la Cour de cassation d'y donner son assentiment.

Il ne s'agit pas de décider si le duel est une chose bonne, licite, ou morale en soi; quel est l'homme de bien qui n'a pas gémi sur les conséquences d'un préjugé si funeste au repos des familles? mais seulement d'examiner si les faits qui constituent un duel sans déloyauté, sont qualifiés et punis par nos lois actuelles.

Cette question a donné lieu à une délibération intérieure et confidentielle des sections de la Cour de cassation, et la matière y a été traitée avec cette profondeur qu'on doit attendre d'une réunion nombreuse de magistrats d'une expérience consommée.

La réponse a été négative à la presque unanimité, et la section criminelle que cette décision ne liait point, s'y est cependant conformée dans son arrêt du 8 avril dernier, au rapport de M. Olivier.

Les réquisitions de M. le procureur général, et les dissertations de MM. Barris, Henrion de Pensey, Carnot, Olivier et Ratteau, ne laissèrent rien à désirer pour la solution considérée sous le rapport purement judiciaire.

Quoique l'ouvrage de M. le procureur général doive paraître dans le Journal de la Cour, je n'en ai pas moins été encouragé à rendre publique l'opinion que j'émis en cette occasion, parce que j'ai envisagé la question sous d'autres rapports, et que je l'ai traitée autant en publiciste qu'en magistrat.

D'ailleurs, il y a long-temps qu'on n'a rien écrit sur cette matière si importante et si usuelle, et puisque une académie en a fait l'objet d'une récompense littéraire, et que la Chambre des Députés doit bientôt s'en occuper, j'ai pensé qu'on pouvait encore faire sur le duel un ouvrage qui mériterait d'être lu.

Pour obtenir ce dernier avantage, j'ai dégagé de tout étalage superflu d'érudition un sujet qui en comportait beaucoup; mais si j'ai économisé le temps de mes lecteurs, je n'ai pas épargné le mien. Les personnes instruites verront facilement que j'ai remonté aux sources, et me sauront gré d'avoir été sobre de citations: celles qui voudront elles-mêmes approfondir la matière pourront consulter les ouvrages suivans :

Grégoire de Tours.

Alcial, *de sing. Certam.*

Ferronius, *Histor.*

Guichardin.

La Colombière, *Traité du Duel.*

Savaron, *Traité de l'Epée.*

Muyard de Vouglans, *Lois crim.*

Montesquieu, *Esprit des Lois.*

Beaufort, *Trib. de Maréch. de Fr.*

Recueil des Ordonn. de nos Rois.

Merlin, *Répert. de Jurisp.*

Quand le lecteur sera parvenu à la partie polémique de cet ouvrage, il s'apercevra facilement que je n'ai pas prétendu répondre en détail à tous les raisonnemens qu'on pourrait faire contre mon opinion.

Les magistrats savent mieux que d'autres que la dialectique a assez de ressources pour qu'on puisse tout dire et tout soutenir avec quelque vraisemblance ; mais la vérité a des caractères particuliers que les gens de bonne foi saisissent facilement, et ceux-là sont heureusement le plus grand nombre.

Ainsi, quand j'aurai poussé la discussion au point au-delà duquel elle pourrait devenir fastidieuse, je m'arrêterai, et croirai avoir acquis le droit de supposer mes lecteurs, ou convaincus, ou volontairement endurcis.

Pour reposer l'attention, j'ai consacré un dernier chapitre à des notes et à quelques faits anecdotiques. Il servira à completter l'histoire des mœurs en cette partie; et l'histoire des mœurs tient de plus près qu'on ne croit à l'histoire de la législation.

Là, j'ai cru pouvoir me permettre d'être moins sérieux en racontant ce que j'ai vu dans ma jeunesse; et j'offre ainsi une espèce de compensation à ceux qui, n'étant législateurs ni de fait, ni de prétentions, auront cependant eu l'extrême complaisance de tout lire sans rien passer.

Je suis vieux; deux générations ont déjà passé devant mes yeux. J'ai aussi voyagé, et ma position depuis trente ans m'a donné bien des facilités pour observer les hommes et les choses.

ESSAI
HISTORIQUE ET CRITIQUE
SUR LE DUEL.

CHAPITRE PREMIER.

ORIGINE DU DUEL.

Il est peu de sujets qui puissent donner lieu à de plus curieuses recherches, que les combats particuliers qui ont eu lieu de tout temps chez les Francs.

Ce culte de l'épée qui a fait verser des flots du sang le plus pur, puisqu'il était celui des plus braves, tire son origine des lois saliques, des coutumes chevaleresques et des institutions féodales.

Appuyé sur ces trois bases, il était encore consacré par la religion, facilité par

2

l'habitude qu'avaient les Francs d'être toujours armés (1); et si depuis il a résisté avec tant de force à un changement absolu dans la législation, c'est par la puissance invincible du catéchisme de tous les peuples militaires, qui note d'infamie quiconque peut seulement être soupçonné de lâcheté, et qui enseigne que l'honneur est préférable à la vie.

Sous le rapport de ces combats qui n'avaient point pour objet la défense de la patrie, nous sommes déjà bien loin de nos aïeux.

Les rois n'envoient plus de cartels aux rois, leurs ennemis, comme firent jadis Louis-le-Gros, Charles de Sicile, Edouard III et François Ier (2).

---

(1) *Tum ad convivia, nec minus sæpe ad convivia procedunt armati.* Tacit. de Mor. Germ.

(2) Ce cartel du 28 mars 1527 finissait ainsi : « Si vous » nous avés voulu, ou voulés charger que jamais nous » ayons fait chose qu'un gentil homme aimant son hon-

Nous ne connaissons plus ces combats qui portaient le beau nom de jugement de Dieu, et où on voyait figurer des grands seigneurs, des chevaliers, des évêques, des élèves, et même des femmes.

Ils ne sont plus autorisés par les lois, ordonnés par les parlemens, honorés par la présence des rois, des dames, des courtisans et du peuple.

On ne se bat plus six contre six, dix contre dix, vingt contre vingt. On ne se

---

» neur ne doive faire, nous disons que vous en avés » *menti par la gorge*, et qu'autant de fois que vous le » dirés, vous mentirés; etant deliberé de deffendre notre » honneur jusqu'au dernier bout de notre vie ... » Protestant que si après cette declaration, en autres » lieux vous escrivés ou dites paroles qui sont contre » notre honneur, que la honte du delai du combat en » sera votre. Vû que venant audit combat, c'est la fin de » toutles escritures. »

On sait que Charles-Quint refusa ce cartel, mais François Ier ne l'en tenait pas quitte, et il chercha plusieurs fois sur le champ de bataille à engager le combat corps à corps, ce que l'empereur sut toujours éviter.

charge plus en plein jour, dans les places, dans les rues, et jusque dans les palais des rois.

Enfin la religion n'emploie plus ses rites les plus augustes, à préparer les combattans, à bénir et distribuer les armes.

Il ne nous reste plus que le duel simple, reste dégénéré de ces usages antiques, encore les lois ont-elles plusieurs fois tenté de le proscrire.

Nos aïeux connaissaient trois espèces de combats singuliers, d'après les diverses raisons qui pouvaient y donner lieu.

Le duel en matière civile, le duel par suite d'accusation capitale, et le duel ou défi chevaleresque.

Qui terram suam occupatam ab altero dixerit, adhibitis idonæis testibus probat eam suam fuisse, si occupator contradixerit, campo dijudicetur. Leg. Saxon. tit. 16.

Si calumniator, aut ille cui calumnia irrogata est, se solum ad sacramenti miste-

rium perficiendum prætulerit, et dixerit : solus jurare volo, tu si audes nega sacramentum meum, et armis mecum contende; faciant etiam illud, si hoc eis ita placuerit, juret unus, et alius neget et in campum exeant. Leg. Frisionum, tit. II, lib. 3.

Si dicat vir probrosum verbum; non es vir viri compar, aut virili pectore : ego sum vir, inquit alter, qualis tu, hi in trivio conveniunto..... si jam utroque comparent justis instructi armis, et cadat provocatus, dimidio mulctæ prætio cædes expietur. Si vero provocans cadit imputet temeritati; capitalis ei linguæ suæ petulantia, in campo jaceat inexpiatus. Sciernhoof, de Jure Sueonum et Gothorum vetusto, cap. 6.

Les règles introduites par ces lois avaient passé dans toute l'Europe civilisée; et tel était l'état du droit civil en France, qu'un chevalier offensé aurait vainement renoncé au défi personnel; car quand il se serait adressé aux tribunaux qui rendaient la justice dans ces temps reculés, il y aurait encore retrouvé le combat judiciaire, que l'offenseur n'eût pas manqué de faire ordonner; ainsi, en dernière analyse, la propriété, l'innocence, l'honneur, tout se jugeait par la force des armes.

La législation changea vers le commencement du seizième siècle, et les religieux de l'abbaye de Saint-Denis sont probablement les derniers qui ont obtenu l'ordonnance du combat judiciaire. Alors il se fit une révolution totale dans les idées, et ce qui était auparavant un privilége, un honneur et un devoir, devint tout à coup un crime que les lois menacèrent de toute leur sévérité.

Mais ces lois répétées avec une rigueur progressive, pendant quatre règnes, ont constamment été neutralisées par un préjugé national, et dont les juges eux-mêmes n'étaient pas tout-à-fait exempts; il n'ont jamais osé franchement le braver, et c'est une occupation digne de l'homme d'état, que de suivre dans son cours cette lutte de la raison écrite contre l'opinion publique.

CHAPITRE II.

LÉGISLATION DES DUELS JUSQUES A LOUIS XIV.

Saint-Louis fut le premier de nos rois qui voulut réprimer la fureur des duels, en substituant les preuves écrites et par témoins aux combats judiciaires, qui étaient pour lors en quelque façon tout le droit civil de la France et même de l'Europe.

Mais il fut mal obéi : soit parce que ses lois ne contiennent qu'un principe qui resta sans organisation, soit par la résistance intéressée de ceux qui profitaient des amendes et confiscations, soit enfin parce que l'autorité royale n'était point encore assez reconnue, pour qu'il pût faire exécuter chez les grands vassaux ce qu'il ordonnait pour ses propres domaines.

Les défenses faites par Saint-Louis furent renouvelées, en 1303, par Philippe-le-Bel; mais on s'aperçut bientôt, disent les auteurs contemporains, que ceux qu'on privait de la faculté de combattre à armes égales, cherchaient à se faire justice avec avantage, et qu'on n'avait fait que substituer l'assassinat à un combat régulier.

Aussi furent-ils rétablis par l'édit du même monarque rendu en 1306. Cette loi qui règle les cas où le combat peut être demandé, et les nombreuses formalités et cérémonies dont il doit être précédé, accompagné ou suivi, est un monument historique très-remarquable.

De cette loi le principe seul resta: tout le reste fut éludé ou interprété à volonté, et les combats particuliers eurent lieu comme auparavant.

Environ deux siècles après, Charles IX fit encore des lois contre les duellistes. Il alla jusqu'à les déclarer criminels de lèse-majesté; l'édit de 1609 contient à la fois l'aveu de l'inutilité de cette mesure extrême, et une espèce de transaction entre l'autorité et l'opinion régnante. On y lit ces expressions remarquables :

« Mais tant s'en faut que nous ayons » obtenu notre louable désir, que lesdits » duels ont été depuis plus fréquens à no- » tre extrême regret, et non moindre mé- » pris des commandemens de Dieu et des » nôtres; ce que nous avons remarqué pro- » céder d'une fausse et erronée opinion de » longue main conçue et trop enracinée ès » cœurs de la noblesse de notredit royau- » me, *qui a toujours eu l'honneur plus cher* » *que la vie*, de ne vouloir demander ni » pouvoir rechercher raison d'une injure » reçue, par autre voie que par celle des » armes, sans flétrir sa réputation et en-

» courir note de lâcheté et faute de coura-
» ge, singulièrement ès cas qu'elle s'ima-
» gine ne pouvoir être suffisamment répa-
» rés que par les armes.................

....

» Et d'autant que par l'indiscrétion et
» malice des uns, les autres sont quelque-
» fois si grièvement outragés, *qu'il leur*
» *semble impossible d'en tirer réparation qui*
» *les satisfasse en leur honneur que par la*
» *voie des armes*, laquelle étant interdite
» et défendue par nos édits, il s'ingèrent à
» la rechercher eux-mêmes ou par leurs
» amis, la pratiquent et exercent journel-
» lement au grand mépris de nos lois et de
» notre autorité, de quoi naissent les dé-
» sordres et meurtres si fréquens que nous
» voulons à présent réprimer : nous avons
» jugé nécessaire, pour remédier à plus
» grands et périlleux accidens de permet-
» tre, comme par ces présentes nous per-
» mettons à toute personne qui s'estimera

» offensée par une autre en son honneur
» et réputation, de s'en plaindre à nous
» ou à nos très-chers et amés cousins les
» maréchaux de France ; *nous deman-*
» *der, ou à eux, le combat, lequel leur sera*
» *par nous accordé*, selon que nous juge-
» rons qu'il sera nécessaire pour leur hon-
» neur. »

Henri IV resserra encore la doctrine de ses prédécesseurs. Il renvoya d'une manière absolue, par-devant les maréchaux de France, toutes les querelles des gentilshommes, et par un édit prononça la peine de mort contre ceux qui chercheraient à se faire justice par le duel.

Les esprits étaient mal préparés à cette amélioration ; la guerre civile exerçait en France toutes ses fureurs, et quoique l'esprit de parti vînt encore ajouter une nouvelle cause à toutes celles qui avaient rendu les duels fréquens, on ne voit pas que quelque jugement criminel ait prononcé la peine de mort dont le monarque avait menacé les duellistes.

Au reste l'opinion sur la manière de venger les injures n'avait pas changé : on peut en juger par les faits suivans.

En 1597, le sieur Duplessis ayant attaqué le sieur Saint-Phal avec avantage, et l'ayant frappé d'un bâton, cette affaire fut portée devant le connétable et MM. les maréchaux. Il fut dressé un acte de satisfaction, dans lequel on fait dire au sieur Duplessis : « Je sortis peu de temps après » vous, plus accompagné que vous, et en » trouvai d'autres qui se joignirent à moi; » et vous ayant atteint, je voulus m'éclair- » cir de ce fait avec vous ; sur quoi me » tîntes d'honnêtes langages, m'offrant de » m'en rendre raison *telle qu'on a coutume* » *entre gens d'honneur*, chose suffisante » pour me contenter. »

On y lit encore : « M. Duplessis dira » au roi qu'il le supplie très-humblement

» de pardonner son offense audit sieur de » Saint-Phal, et que, *pour le regard de la » sienne, il en eût bien voulu tirer sa raison » par autre voie.*

» Le roi fera lors cet honneur au sieur » Duplessis de lui dire *qu'il a toujours jugé » l'acte tel qu'il ne devait être recherché par » la voie des armes.....* »

En 1601, le prince de Joinville ayant blessé d'un coup d'épée M. Le Grand qui n'était point armé, on lit les termes suivans dans l'acte de satisfaction, qui fut dressé par ordre du roi par MM. les maréchaux de France : « Je mis l'épée à la main, » et sans que vous en eussiez une, je vous » en frappai ; ce m'est un extrême regret » de vous avoir blessé *avec cet avantage*, je » voudrais avoir donné de mon sang et ne » l'avoir point fait ; *croyant que si vous » eussiez eu une épée*, vous m'eussiez fait » courre autant de risques que vous en » courûtes. »

En 1626, Louis XIII fit aussi un édit sur les duels ; il paraît que les tribunaux avaient fait quelques poursuites, car le roi jugea à propos d'abolir tous les jugemens rendus en cette matière. Il fit de nouvelles dispositions, créa de nouvelles peines, et maintint celle de mort.

Pour cette fois, et pour cette fois seulement, la loi eut une apparence d'exécution ; et d'après un arrêt du parlement, les comtes de Montmorenci, Bouteville et Deschapelles, eurent la tête tranchée le 22 juin 1627.

Mais il ne faut pas regarder cette exécution comme la peine d'un duel simple ; ce fut bien plutôt un grand exemple reconnu nécessaire pour soutenir l'autorité du roi contre un sujet rebelle.

Effectivement l'épée du comte de Bouteville avait acquis une célébrité funeste, et son duel avec Beuvron était au moins le quatrième dont l'histoire ait conservé le souvenir.

Déjà condamné à mort par un arrêté rendu contre lui par défaut pour un autre duel, il avait fait abattre par ses valets, *soutenus par quelques cavaliers*, le poteau dressé pour y afficher sa condamnation; et forcé de quitter la France, il avait fait accompagner son carrosse *par deux cents hommes armés.*

Réfugié à Bruxelles, il avait résisté à la prière que le roi lui avait fait faire de ne pas se battre contre Beuvron, quoique cette prière lui eût été transmise par l'infante archiduchesse des Pays-Bas.

Enfin quoique le roi lui eût refusé des lettres d'abolition, il eut l'audace de revenir à Paris, de s'y montrer en plein jour, et le combat qui fut de trois contre trois, et où deux personnes furent tuées, eut lieu sur la place Royale, à trois heures après-midi.

Malgré l'audace et la publicité de cette action, les coupables ne furent point arrêtés sur-le-champ ; ils eurent tout le temps de quitter Paris, et n'eussent probablement pas été pris, s'ils n'avaient pas mis dans leur voyage une lenteur justifiée en quelque sorte par l'impunité de tant d'autres duels.

Ce ne fut donc point un duel simple que le roi eut à faire punir ; les comtes de Bouteville et Deschapelles durent être regardés comme en révolte ouverte contre l'autorité royale, et c'est par cette raison que Richelieu, alors tout-puissant, soutint la fermeté de Louis XIII, d'ailleurs naturellement sévère. On sait que quand la comtesse, prosternée aux pieds de ce monarque, le conjurait d'épargner le sang de son mari, le prince ne répondit point à sa prière, et dit seulement à ceux qui l'accompagnaient: « La femme me fait pitié, mais » je veux et dois *conserver mon autorité.* »

Quoi qu'il en soit, pendant tout ce règne les duels furent très-fréquens ; on sait que le chevalier de Guise, qui avait tué en duel le baron De Luz et avait donné lieu à la déclaration de 1613, tua encore le fils de ce même baron, sans qu'il fût fait à cet égard aucunes poursuites; et les préambules des édits de 1643 et 1646 complètent la preuve, que depuis l'arrêt de 1627 la fureur des duels n'avait fait que s'accroître.

CHAPITRE III.

LOUIS XIV. — SUITE.

Louis xiv montra contre les duels une volonté encore plus prononcée ; les lois qu'il rendit pendant la dernière partie de son règne forment un code complet dont nous allons présenter une courte analyse.

Autorité donnée aux maréchaux de France de connaître des circonstances qui donnent ordinairement lieu aux duels, en réprimer les auteurs, et en empêcher les suites.

Classement des injures et des voies de fait depuis l'injure verbale jusqu'aux coups de bâton, et leur punition depuis trois mois jusqu'à vingt ans de prison.

Peine contre ceux qui font des appels

depuis deux ans jusqu'à six ans de prison, avec addition de fortes amendes.

Peine de mort contre ceux qui se battent en duel, et procès à la mémoire de ceux qui ont été tués.

Peine de mort contre ceux qui se battent comme seconds, avec dégradation de noblesse et leurs armoiries brûlées et noircies par le bourreau.

Peine de mort par la potence contre les roturiers qui font des appels aux gentilshommes, ou qui suscitent des gentilshommes pour se battre contre ceux qu'ils ont appelés.

Peine du fouet et de la marque contre les domestiques qui conduisent au lieu du combat ou portent les appels.

Privation des charges dont pourraient être revêtus les spectateurs qui s'y seraient rendus exprès, avec confiscation du quart de leurs biens.

Confiscation des biens des combattans

en faveur des parens des personnes tuées, qui poursuivraient le délit.

Permission aux cours de décréter les personnes et séquestrer les biens sur la simple notoriété du fait.

Défense aux grands du royaume de donner asile aux coupables.

Enfin déclaration que non-seulement la prescription n'abolit point le duel, mais au contraire que le crime de duel fait revivre tous les autres crimes qui auraient pu être commis par l'accusé, quoique déjà prescrits.

Indépendamment de ces dispositions générales, il en fut fait quelques autres spécialement relatives aux militaires. Il leur fut défendu de mettre l'épée ou le pistolet à la main, à peine d'être irrévocablement cassés; et l'art. 4 de la déclaration du huit avril 1686, veut que « lorsque » dans les troupes il se sera fait un duel » avéré, le cavalier, dragon ou soldat qui en

» donnera avis au commandant ou com-
» missaire, ait non-seulement son congé
» absolu, mais en outre qu'il lui soit payé
» une somme de cent cinquante livres. »

Il n'est pas besoin de dire que cette loi n'eut jamais d'exécution, et que le salaire honteux de la délation ne fut jamais réclamé.

Une chose digne de remarque, et qu'il ne faut pas perdre de vue dans toute cette législation, c'est qu'elle n'a été faite que pour la noblesse.

Quoique pendant soixante ans de guerre le tiers-état eût versé des fleuves de sang pour le soutien du trône; quoique ce fût surtout dans son sein qu'avaient pris naissance cette foule de beaux génies qui, soit dans les arts, soit dans les sciences, avaient contribué à porter la nation française au plus haut point de la civilisation européenne, on ne supposait pas dans le dix-septième siècle que le point d'honneur pût avoir quelque influence sur les roturiers ; et quelque gravement qu'ils eussent été offensés, la voie des armes leur était bien plus rigoureusement fermée. On se souvenait sans doute encore qu'aux états de 1614, ils n'avaient porté la parole qu'à genoux, et l'art. 16 de l'édit de 1679 contient la preuve assez complète de l'opinion qu'on en avait conservée.

« D'autant qu'il se trouve des gens de » *naissance ignoble*, et qui n'ont jamais » porté les armes, *qui sont assez insolens* » *pour appeler les gentilshommes, lesquels* » *refusant de leur faire raison à cause de la* » *différence des conditions*, ces mêmes per- » sonnes suscitent contre ceux qu'ils ont » appelés d'autres gentilshommes, d'où il » s'ensuit quelquefois des meurtres d'au- » tant plus détestables, *qu'ils proviennent* » *d'une cause abjecte ;* nous voulons et or- » donnons qu'en tel cas d'appel et combat, » principalement s'ils sont suivis de quel-

» que grande blessure ou de mort, lesdits » ignobles ou roturiers qui seront atteints » et convaincus d'avoir causé et promu » semblables désordres, soient sans rémis- » sion pendus et étranglés, tous leurs biens » meubles et immeubles confisqués..... » ; » et quant aux gentilshommes qui se se- » raient ainsi battus, *pour des sujets et* » *contre des personnes indignes*, nous vou- » lons qu'ils souffrent les mêmes peines » que nous avons ordonnées contre les se- » conds. »

Dans l'intervalle des différentes ordonnances qui furent portées, on voit que quelques gentilshommes, jaloux de plaire au monarque, souscrivirent, pardevant les maréchaux de France, des actes contenant déclaration publique de refuser toutes sortes d'appels, et de ne jamais se battre en duel pour quelque cause que ce soit, et de rendre toute sorte de témoignage de la détestation qu'ils ont du duel, comme chose tout-à-fait contraire au bien et aux lois de l'état, et incompatible avec le salut et la religion chrétienne.

Certes, il est impossible d'imaginer une législation plus tranchante, plus prohibitive et même plus dure. On sait que de tous les monarques qui ont occupé le trône français, Louis XIV a été le plus absolu; et cependant non-seulement toute cette législation ne produisit aucun effet, mais on alla jusqu'à mettre sous ses yeux, d'une manière plus ou moins explicite, la théorie qui devait perpétuer le duel.

Observons d'abord que la déclaration des gentilshommes dont nous avons parlé ci-dessus était une offense au moins indirecte à l'autorité royale, qui n'avait pas besoin de l'assentiment isolé de quelques particuliers pour faire respecter ses lois.

Et nous verrons ensuite que ces mêmes déclarations contenaient une espèce de protestation pour la conservation du droit d'y désobéir, en ces termes : « *Sans pour-* » *tant renoncer au droit de repousser, par* » *toutes voies légitimes,* les injures qui leur » seraient faites, *autant que leur profession* » *et naissance les y obligent.* »

Les maréchaux de France, quoique chargés par la loi de la répression des duels, fournissaient eux-mêmes l'occasion d'en éluder l'application. L'art. 3 du règlement fait par eux sous la date du 2 août 1653, contient les expressions suivantes.

Art. 3. « Que si le prétendu offensé est si » peu raisonnable que de ne pas se con- » tenter de l'éclaircissement qu'on lui au- » ra donné de bonne foi, et qu'il veuille » obliger celui de qui il croira avoir été of- » fensé de se battre contre lui, celui qui » aura renoncé au duel pourra lui répon- » dre en ce sens ou autre semblable : qu'il » s'étonne bien que sachant les derniers » édits du roi, et particulièrement la dé- » claration de plusieurs gentilshommes,

» dans laquelle il s'est engagé publique-
» ment de ne point se battre, il ne veuille
» pas se contenter des éclaircissements
» qu'il lui donne, et qu'il ne considère pas
» qu'il ne peut ni ne doit donner ou rece-
» voir aucun lieu pour se battre, ni même
» lui marquer les endroits où il le pourrait
» rencontrer, *mais qu'il ne changera rien à*
» *sa manière ordinaire de vivre ;* et généra-
» lement tous les autres gentilshommes
» pourront répondre que, *si on les attaque,*
» *ils se défendront,* mais qu'ils ne se croient
» pas obligés à aller se battre de *sang-*
» *froid,* et contrevenir ainsi formellement
» aux édits de Sa Majesté, aux lois de la
» religion et à leur conscience. »

Si les maréchaux de France avaient voulu sérieusement l'exécution de la loi, ils auraient, comme ils en avaient le pouvoir, envoyé en prison le duelliste obstiné; mais le laissant libre, malgré sa rénitence, et d'après le protocole de déclaration que nous venons de rapporter, il est évident que celui qui se serait refusé à arranger une rencontre pour se battre avec son adversaire, aurait infailliblement passé pour un lâche. Au surplus ne nous en étonnons pas, c'étaient des généraux qui s'adressaient à des militaires.

Aussi les duels furent-ils très-nombreux sous Louis XIV. On cite, entre autres, l'affaire qui survint en 1679, entre Boisdavy, mestre de camp du régiment de Champagne, et Ambijoux.

Ces deux gentilshommes ayant eu quelques paroles dans un repas, Ambijoux, plein de ressentiment, crut devoir en tirer une vengeance publique; en conséquence, *un jour que l'armée était rangée en bataille, et que Boisdavy se trouvait à la tête de son régiment*, il vint par derrière, et lui donna plusieurs coups de fouet.

On se mit aussitôt entre deux, mais à quelques jours de là, ils se battirent quatre contre quatre. Ambijoux fut tué avec deux des seconds; cette affaire fit beaucoup de bruit; cependant il ne paraît pas que ceux qui survécurent aient jamais été punis.

On sait qu'en 1751, M. de Sévigné fut tué par le chevalier d'Albret; plus tard le marquis de Bénac fut pareillement tué en duel au sortir de la foire, et en plein jour.

A chaque instant il y avait des duels entre les courtisans qui approchaient le plus la personne du roi; les mémoires du temps citent MM. de Brissac, de Saint-Olon, le prince d'Elbeuf, le prince Philippe de Savoie, le comte de Clermont, le comte de Brionne, le duc de Grammont, le marquis de Pluvaux, le marquis d'Alincourt, et plusieurs autres dont quelques-uns poussèrent la hardiesse jusqu'à tirer l'épée dans les salles du palais de Versailles.

Dans le même temps, le grand Condé, prince du sang, et le premier des généraux de cette époque, tançait sévèrement le marquis de Fénelon, qui s'était entremis pour faire signer aux gentilshommes les soumissions dont nous avons indiqué les restrictions : « Il faut, monsieur, lui di-» sait-il, être aussi sûr que je le suis de vo-» tre fait sur la valeur, pour n'être pas *ef-» frayé* de vous avoir vu rompre le pre-» mier une telle glace. »

Enfin, tel était à cette époque l'ascendant de l'opinion, que Louis XIV lui-même donnait, par ses actions, un démenti à la théorie développée dans ses lois.

Nous en avons pour garant un des fils de ce monarque, M. le comte de Toulouse, qui s'exprimait, dans une lettre du 27 mars 1737, en ces termes : « Les lois sur le » duel sont sages, mais jusqu'à ce qu'on » ait trouvé le moyen de sauver l'honneur » d'un homme, il faut en particulier com-» patir à ce qu'il est obligé de faire. J'ai » vu le feu roi bien sévère sur les duels; » mais en même temps, si dans son régi-

» ment, qu'il approfondissait plus que les » autres, un officier avait une querelle, et » ne s'en tirait pas suivant l'honneur mon- » dain, *il approuvait qu'on lui fît quitter le* » *régiment.* Nous voyons bien que les deux » principes ne s'accordent pas, mais l'un » et l'autre doivent se trouver dans tout » homme, puisqu'ils ont été dans le roi le » plus juste et le plus ferme. » *(Lémontey, Monar. de Louis* XIV.*)*

Cependant les lois de Louis XIV produisirent un résultat heureux, mais auquel on n'avait pensé qu'en second ordre. Les Français y démêlèrent une interpellation faite à leur honneur au sujet des seconds, et cet usage tomba promptement en désuétude.

Ce fut là une grande amélioration, dont on n'a jamais suffisamment apprécié et la cause et l'effet (1).

---

(1) *Voyez* le §. IV, à la fin.

La cause: qui, quoique se rattachant évidemment à l'honneur, source première de tous les duels, en a cependant beaucoup mitigé la rigueur.

L'effet: car, depuis cette époque, beaucoup d'affaires se sont arrangées, beaucoup ont fini par de simples blessures, au lieu que, sous le régime des seconds, il y avait toujours mort d'homme.

CHAPITRE IV.

LOUIS XV.

Louis xv promit aussi, à son sacre, de ne faire grâce à personne de la peine portée contre le duel : ce serment, déjà consacré par la religion, se trouve encore consigné dans l'édit du 12 avril 1723, qui confirme les dispositions de l'ordonnance de 1629.

Le roi y déclare, 1°. que ceux qui, ayant eu querelle ou démêlé dont ils n'auraient point donné avis à MM. les maréchaux de France, ou aux juges du point d'honneur, en viendraient à un combat, seront, sur la preuve de ladite querelle, condamnés à mort; 2°. que, dans le cas où ils auraient donné cet avis, s'il y a preuve d'agression de part ou d'autre, et si la rencontre n'a pas été fortuite, l'agresseur seul sera puni de mort.

Cette loi, qui est la dernière que nos rois aient rendue sur cette matière, n'eut pas plus d'influence que les précédentes, et les duels continuèrent d'avoir lieu aussi publiquement, plus fréquemment, et plus généralement que jamais · ce qui dura jusques vers la fin de ce règne, où cette fureur s'amortit comme d'elle-même, ainsi qu'on le verra dans la suite.

Ces duels eurent lieu, non-seulement de gentilshommes à gentilshommes, mais encore de gentilshommes à roturiers, et de roturiers entre eux. Ils eurent lieu lorsque certains régimens se rencontraient avec certains autres. Ils eurent lieu entre des régimens et certaines agrégations d'hommes ; comme tous les jeunes gens d'une ville ou les étudians d'une université, ce qui est arrivé plusieurs fois à Nantes, Toulouse, Montpellier et autres. Ils eurent lieu enfin presque toujours sous les yeux des parlemens et cours souveraines, sans que jamais les lois pénales, si solennellement proclamées, aient eu une application effective.

Nous disons *application effective* pour éviter toute équivoque, car nous n'ignorons pas que souvent des procédures ont été commencées, que des arrêts de mort ont été prononcés par contumace, même des lettres d'abolition, comme celles qui furent accordées au sieur Peisson, roturier, ancien garde du corps, qui avait tué le marquis de Clermont Mont-Saint-Jean, mais, en dernière analyse, toutes les affaires de duel se sont arrangées de manière ou d'autre, et les tribunaux français n'ont point à gémir d'avoir fait exécuter une sentence de mort pour cette espèce de délit (1).

(1) Ceci doit s'entendre que nous n'en avons trouvé aucun dans les arrêts les plus connus.

On trouve dans les recueils plusieurs arrêts de règlement du parlement de Paris : ces arrêts sont rendus à l'occasion de duels dont les parties sont nommées, et cependant on n'y trouve que des dispositions générales, et aucune condamnation particulière.

Il est encore vrai qu'en 1769 le parlement de Grenoble condamna par contumace le conseiller Duchelas, qui s'était battu avec le sieur Beguin, à être rompu vif.

Mais cet arrêt, comme on peut le voir par la nature de la peine, ne punit pas un duel : c'était un assassinat (1) que Duche-

---

(1) Beguin, capitaine dans la légion de Flandre, était un très-beau garçon, fort damoiseau, mais très-brave. Duchelas vint plastronné au rendez-vous ; et Beguin l'ayant touché de plusieurs bottes sans le blesser, lui dit : « Diable, monsieur, vous êtes bien dur ; » à quoi son adversaire répondit en fureur : « Tire toujours, nous » ne sommes pas ici pour nous faire des complimens. » Beguin, ainsi averti, adressa ses coups à la tête ;

las avait commis à l'aide de son domestique, qui fut condamné à la marque et à servir quatre ans sur les galères. L'arrêt portait, en outre, que la mémoire du condamné serait et demeurerait éteinte et supprimée à perpétuité, les arrérages de ses pensions confisqués au profit du roi, ainsi que le tiers de ses biens.

---

alors le domestique s'en mêla, et l'assassinat fut consommé.

Le parlement de Grenoble se fit beaucoup d'honneur par la juste sévérité qu'il mit dans cette affaire contre un de ses membres.

CHAPITRE V.

LOUIS XVI.

Louis xvi eut le bon esprit de ne pas accroître le nombre des lois contre le duel : cette modération eut un effet heureux; mais l'opinion subsista, et M. le prince de Condé ne dédaigna pas de croiser le fer avec son capitaine des gardes.

Mais il se passa une action bien autrement remarquable, et que la génération actuelle n'a point oubliée, ce fut le duel de M. le comte d'Artois avec M. le prince de Bourbon.

On se souvient qu'une espèce de querelle avait eu lieu au bal, et que le duc de Bourbon se croyant offensé dans la personne de son épouse, en demanda satisfaction au comte d'Artois, qui ne balança pas un instant à l'accorder.

L'affaire eut lieu au bois de Boulogne; toutes les routes, ainsi que la plaine des Sablons, étaient couvertes de gens en voiture, à cheval et à pied, que l'intérêt et la curiosité avaient amenés. Les adversaires s'attaquèrent franchement, et sans les capitaines des gardes qui crurent devoir intervenir, le sang allait couler.

L'opinion publique se montra en cette occasion avec une grande vérité; et quand les princes parurent pour la première fois après l'affaire, dans la loge de madame la duchesse de Bourbon, à l'Opéra, ils furent accueillis par les salves réitérées des applaudissemens les plus unanimes.

Il est vrai que les relations ajoutèrent que le roi avait grondé son frère et son cousin; mais s'il gronda, ce ne fut pas bien fort : il crut sans doute qu'un peu de sérieux convenait au maintien de sa double autorité comme roi, et comme chef de la famille ; mais certes on ne hasarde pas beaucoup en assurant que ce prince eût été désolé que les choses se fussent passées autrement.

Nous nous arrêtons à ce dernier fait ; et après que deux princes également beaux de jeunesse et d'espérances, entourés de tout ce qui peut rendre la vie aimable, n'hésitèrent cependant pas à commettre tant d'avantages aux chances d'un combat singulier, nous ne pensons pas qu'il restât alors en France un seul homme de cœur, qui, se trouvant dans de pareilles circonstances, eût cru pouvoir, sans se déshonorer, aller chercher protection ou justice dans les lois de Louis XIV ou de Louis XV.

De cette longue série de faits attestés par l'histoire politique et judiciaire de la France, on doit tirer une conséquence rigoureusement juste, c'est que le duel n'a jamais cessé d'y être publiquement toléré.

Les lois que nous avons rapportées ou indiquées avec une fidélité scrupuleuse, ne s'opposent point à la vérité de cette proposition; car c'est un principe reconnu en toutes matières, que les lois ne tirent leur caractère régulateur que de leur application. L'application leur donne la force et la vie, comme la désuétude les annulle et leur donne la mort.

Or, on a prouvé que les lois sur le duel sont tombées en désuétude au moment même de leur promulgation, puisqu'elles n'ont jamais été sérieusement appliquées à des faits qui n'étaient ni rares ni secrets, et surtout qui se passaient le plus souvent presque sous les yeux des magistrats chargés d'en punir les auteurs.

Pour compléter la preuve de tout ce que nous avons énoncé à cet égard, et ne laisser aucun doute sur la manière dont les tribunaux envisageaient les affaires d'honneur, nous rappellerons, en finissant, ce qui se passa en 1779, au parlement de Paris, dans la cause des sieurs La Molère et de Wrainville; l'affaire fit grand bruit dans le temps.

Il était prouvé que lorsqu'ils s'étaient rencontrés, La Molère avait son épée; que Wrainville avait été chercher la sienne, et qu'ils s'étaient rendus dans un lieu écarté, où ils s'étaient battus. La Molère avait eu une légère égratignure, et Wrainville une blessure assez profonde sous le sein gauche, à la suite de laquelle il était mort le quarantième jour.

La Molère fut décrété de prise de corps, et les avocats des parties furent entendus en plaidoirie contradictoire.

On s'occupa d'abord à rechercher la manière dont les choses s'étaient passées; et dès qu'il fut avéré qu'il ne pouvait pas être question d'assassinat, la cour, conformément aux conclusions de M. l'avocat-général Séguier, décida que Wrainville était mort d'une fluxion de poitrine; en conséquence, La Molère fut renvoyé de la plainte sans dommages-intérêts, mais avec injonction seulement d'être à l'avenir plus circonspect.

Cet arrêt n'a pas besoin de commentaires.

CHAPITRE VI.

MŒURS.

Dans les temps antiques de pure féodalité, le duel chevaleresque fut totalement étranger aux roturiers; ils étaient cependant admis au combat judiciaire; mais ils l'exécutaient à pied avec la targe et le bâton, tandis que les chevaliers y arrivaient à cheval et armés de toutes pièces.

Nous avons cru qu'on nous saurait gré de mettre sous les yeux des lecteurs la description de ces combats, telle qu'on la trouve dans *le Gage des batailles*, livre devenu fort rare, et dont nous conserverons le langage.

Le premier eut lieu à Bourg-en-Bresse, entre M. Otte de Granson et messire Girard Deslauriers, qu'il avait élevé et comblé de bienfaits. Granson, obligé de quitter la cour du comte de Savoie pour se retirer en Angleterre, crut, avant son départ, devoir jeter le gage de la bataille contre quiconque dirait qu'il avait forfait à l'honneur. Girard avait relevé ce gage, et accusait le vieillard de faute, deshonneur et desloyauté, « et fut conclusion tel- » le, que ledit messire Otte fut déconfit, et » dit on qu'en montant à cheval, en son » logis, pour venir à sa journée, une lame » de sa cuirasse l'empecha, et prestement » la fit ôter par son armoyer ; et là étoit » présent, entre autres, l'hoste de messire » Girard, son adversaire, qui avertit son » hoste de la lame ôtée, et de quel côté » elle failloit ; ledit messire Girard mit pei- » ne à la trouver au nud en tel endroit, et » fit qu'il la trouva d'une espée, et lui mit » dans le ventre.

» Mais à commencer leur bataille, ledit

» messire Otte enferra son ennemi d'un » jet de lance, en la cuisse senestre, et s'il » eût voulu poursuivre, ledit messire Gi- » rard en avoit le pire : mais il le laissa dé- » faire ; et advint de telle bataille, que » messire de Granson fut abattu et navré » à mort ; et fut sa fin si piteuse, que son » ennemi lui leva la visière de son bacinet, » et lui creva les deux yeux, en lui disant : » rends toi et te desdis ; ce que le bon che- » valier, pour detresse qui lui fut faite, ne » voulut oncques desdire, ne rendre, et » disoit toujours tant qu'il eut parole : je » me rends à Dieu et à madame Sainte- » Anne ; et ainsi mourut. » *(Olivier de La Marche*, p. 6.)

Le second eut lieu à Valenciennes, sur une accusation d'homicide entre Mahuel et Jacotin.

« Mahuel, qui étoit défendeur, n'étoit » pas si grand ni si puissant que Jacotin, » qui étoit appelant ; mais toutes fois au

» commencement de leur débat, Mahuel » donna dessus le front, de son bâton, à » Jacotin Plouvier, tellement qu'il lui fit » une grande plaie et dont le sang sailloit » à grande force.

» Mais, par conclusion, Jacotin pour- » suivit tellement sa bataille, qu'il abattit » ledit Mahuel dessous lui, et par conclu- » sion il le vainquit et lui donna tant de » coups, qu'après qu'il fut hors la lice, et » confessé, il mourut, et fut mené au gibet » et pendu comme meurtrier. »

Le troisième eut lieu entre un charpentier et un Juif ; et l'auteur le cite pour prouver l'utilité du duel à défaut de toute autre preuve.

« Comme fit le vieil charpentier à No- » tre-Dame de Chambro, qui combattit » un Juif pour avoir donné à l'image de » Notre-Dame, d'une lance au front en » despitant la glorieuse Vierge Marie et » notre foi ; dont le sang saillit de la plaie

» de la glorieuse image... Si le cas ne pou-
» voit être prouvé contre le Juif, n'eut été
» que le pauvre vieil charpentier, mû de
» bonne foi, accusa le Juif, qui étoit un
» beau jeune homme et puissant, et abat-
» tit ledit Juif à l'écu et au bâton par gage
» de bataille, et si bien se remua contre le
» Juif qu'il le desconfit et reconnut son
» péché, et fut le Juif pendu au gibet en-
» tre deux mastins, comme est la coutu-
» me, et veut la loi qu'en faisant justice
» d'un Juif il soit pendu entre deux chiens
» comme bestial et sans foi. » LEILE-ADAM, *Gage de bataille.*

Dans le moyen âge, les écuyers, fils de vassaux, espèce mitoyenne, furent admis comme seconds dans quelques combats à outrance. Cependant il est probable que la différence des armes aurait perpétué indéfiniment la distance entre les personnes, sans un de ces événemens imprévus qui peuvent se renouveler plus ou moins souvent, et qui font qu'on ne peut jamais prédire, avec quelque vraisemblance, l'état où se trouvera la société à une époque donnée.

Je veux parler de l'invention de la poudre à canon, qui, semblable à la mort, ramena l'égalité pour tous les individus destinés à figurer dans la même bataille.

Dès qu'on eut trouvé des traits invisibles, et contre lesquels il n'y avait pas de parade, les chevaliers cessèrent de faire la force des armées, ils se dévêtirent de ces cuirasses dont l'utilité ne compensait plus la pesanteur, et se rapprochèrent par là de l'infanterie, qui auparavant n'était qu'une tourbe destinée à périr sans gloire sous les pieds des chevaux ou sous les coups des guerriers couverts de fer. Aussi, avant cette époque, l'histoire ne nous a-t-elle transmis le nom d'aucun vilain qui ait acquis quelque gloire militaire.

Ce résultat avait été prévu ; la noblesse

vit avec horreur une innovation qui la privait de tous ses avantages à la guerre ; et le chevalier Bayard ne faisait aucun quartier à ceux qu'il trouvait armés d'arquebuses ou d'escopettes.

Indépendamment de cette première cause, l'affranchissement des communes, la propagation des lumières, la renaissance des arts et les besoins du luxe, formèrent une espèce de chaîne qui liait tous les états, et introduisirent une dépendance sociale qui s'étendit à toutes les classes ; des bourgeois eurent souvent la gloire de secourir l'état de leurs bras et de leurs richesses ; ils eurent même quelquefois l'honneur de s'asseoir à la table des rois ; l'ordre entier s'éleva d'autant.

Les troubles de la Ligue, ceux de la Fronde, et les longues guerres de Louis XIV, amenèrent de nouveaux résultats. La cavalerie ne faisant plus la principale force des armées, il fallut augmenter l'infanterie ; la noblesse ne fut plus assez nombreuse pour en garnir les cadres, et peut-être ne se présentait-elle pas avec beaucoup d'empressement par le peu d'habitude qu'elle avait de combattre à pied : les roturiers eurent donc des commandemens, ils levèrent des compagnies à leur compte, et devinrent fameux par leur activité et leur audace L'histoire a conservé le nom de ces partisans habiles qui, tels que Fabert, Chevert, Grassin, rendirent de si grands services à leur roi, et dont le maréchal Luckner est le dernier.

On pense bien que des hommes qui s'étaient souvent rencontrés sur le champ de bataille voulurent se montrer aussi au champ d'honneur ; l'opinion ne les repoussa pas : aussi Louis XIV, dans ses édits sur le duel, désigne-t-il également les gentilshommes et les gens d'armes.

Cependant l'épée était demeurée le patrimoine exclusif de la noblesse, et depuis le seizième siècle, les livres sont pleins d'édits, d'ordonnances et d'arrêts de règlement qui défendaient ou modifiaient par diverses peines le port des armes blanches.

Lois et arrêts inutiles ! Vers la fin du règne de Louis XV l'épée était devenue l'arme ou la parure de tous ceux qui avaient de quoi se bien vêtir ; les étudiants la portaient sous les yeux des parlemens qui le leur défendaient ; ils avaient une espèce de chef reconnu, qui se nommait procureur-général dans certaines universités, et syndic ou prévôt dans quelques autres ; et un étranger qui arrivait à Paris vers 1760 ne trouvait aux Tuileries que des nobles portant l'épée, et des magistrats en habit noir et cheveux longs. Tous les états étaient cachés sous ce double costume.

Cependant la théorie n'avait pas changé, et l'on parle encore de l'aventure d'un certain Buchon, metteur en œuvre, qui étant venu en 1769 à la Tournelle criminelle pour suivre un procès qu'il perdit, fut dénoncé comme portant actuellement l'épée en contravention aux règlemens sur le port d'armes; jugé audience tenante, vit confisquer cette épée, et fut encore condamné en dix livres d'amende envers le roi.

On rit; mais on n'en porta pas moins l'épée au palais de justice, aux Tuileries, à Versailles, et partout.

Cette époque fut celle où non-seulement il y eut le plus de duels, mais encore le plus de désordres particuliers de toute espèce.

On se battait pour s'être regardé, pour s'être coudoyé, pour une contradiction quelconque, parce qu'on se déplaisait, parce qu'on se rencontrait chez des femmes publiques; et comme on était armé, on dégaînait sur-le-champ; le vainqueur se retirait tranquillement, et le vaincu ou le mort restait sur la place, pour devenir ce qu'il plairait à Dieu. Il y avait tel homme qui se battait toutes les semaines, quelquefois tous les jours, jusqu'à ce que son heure fût arrivée. Les gendarmes, et surtout les mousquetaires, avaient acquis, sous ce rapport, une grande célébrité.

Dans le même temps, ou à peu près, on bâtonnait les paysans, on souffletait les domestiques, on cassait les lanternes, on brisait les vitres, et surtout on rossait le guet; enfin, on en faisait tant, que si on se conduisait de même maintenant, cinquante tribunaux de police correctionnelle ne suffiraient pas pour apprécier des faits auxquels on ne faisait pas attention, ou que le lieutenant de police expédiait sommairement.

Dans cette disposition des esprits, une loi n'eût probablement fait que les aigrir. La rage des combats singuliers devait céder à des remèdes plus simples et plus appropriés à l'état actuel de la civilisation.

Ce fut encore la philosophie qui rendit ce service à l'humanité.

Rousseau éleva contre le duel cette voix éloquente qui avait rappelé les mères à des devoirs si long-temps méconnus ; la comédie, les romans attaquèrent, par le ridicule, ces bretteurs déterminés qui, le code de l'honneur à la main, voulaient que *les choses se fissent en règle*, et que tout se décidât à la pointe de l'épée.

Les écrivains les plus distingués, ceux surtout qu'on désignait par le nom de secte encyclopédique, répétèrent tant de fois aux Français qu'il était tout-à-fait inconvenable de marcher armés même au sein de la paix, et de traîner des instrumens de mort là où l'on ne venait chercher que le plaisir, qu'enfin ils furent entendus. On quitta donc l'épée comme d'un commun accord, et dès lors on ne vit plus de ces duels improvisés par suite d'une injure légère, d'un mot un peu vif, comme il en échappe tous les jours à la chaleur du vin ou de la discussion, d'un simple mésentendu. Il ne resta plus que les cas rares d'une injure tellement grave, qu'il devenait comme impossible de ne pas s'en ressouvenir.

Les Parisiennes se distinguèrent dans cette lutte du présent contre le passé ; elles proscrivirent les uniformes qui ne sont bons que dans les revues ou dans les camps ; elles ne voulurent pas avoir l'air d'accorder à l'habit, des préférences qu'on devait mériter par des moyens plus doux, et les militaires ne parurent plus dans les salons qu'*en habits bourgeois ;* c'était l'expression consacrée.

En même temps les seigneurs suzerains descendaient dans la plaine, et changeaient leurs manoirs en des habitations plus commodes. On ne se fit plus une gloire de l'ignorance; toutes les classes sentirent les avantages de l'étude, et les enfans des familles historiques vinrent se plier dans les colléges à l'égalité de l'instruction commune.

Par l'action de ces causes, et de beaucoup d'autres moins sensibles, mais non moins influentes, on vit disparaître ces prétentions de supériorité qui irritaient tous les amours propres, et ces airs gourmés dont il ne reste plus que quelques vieux modèles; on quitta ces habits habillés qui habillent si mal; ces broderies et ces galons si peu séans aux hommes. Les premiers rangs de la société se plûrent à se confondre avec les autres citoyens, le même frac les couvrit tous, et avant qu'on se fût sérieusement occupé de liberté, les Français avaient déjà le costume d'un peuple libre.

Dans un tel état de choses les duels devaient être plus rares. Ils le furent en effet ; et nous en avons une preuve incontestable dans le petit nombre de duels qui eurent lieu pendant l'Assemblée constituante (1).

L'urbanité française, les formes d'une bonne éducation et les sentimens d'une considération réciproque, tempérèrent l'exaspération qui ne pouvait manquer d'avoir lieu par la grandeur et la contrariété des intérêts, et les duels se réduisirent à quatre ou cinq, dont aucun ne fut suivi de mort.

Nous ne comptons pas dans ce nombre les vingt-deux appels qui furent faits au comte de Mirabeau, et qu'il avait ajournés à la fin de la session.

Il est évident que les derniers, en nombre, n'étaient qu'une moquerie; et ce qui prouve à quel point d'élévation ce grand homme était parvenu, c'est que l'opinion commune, qui aurait flétri tout autre en

(1) *Voyez* au § IX.

pareil cas, ne put cependant pas l'atteindre, et que personne ne s'avisa de le soupçonner de lâcheté.

On ne se battit point pendant tout le règne de la terreur, peu sous le gouvernement de Bonaparte, et c'est encore une vérité historique qu'il n'est point d'époque, dans les fastes de la nation française, où les duels aient été moins fréquens que depuis 1770 jusqu'à présent.

CHAPITRE VII.

LÉGISLATION DEPUIS 1791.

L'AMÉLIORATION qui avait eu lieu dans les mœurs publiques, relativement au duel, n'avait point échappé à l'Assemblée constituante; mais elle se garda bien d'en troubler le mouvement par des lois inopportunes. Elle craignit que toute innovation ne devînt une arme pour l'esprit de parti, qui glisse toujours quelque faux poids dans la balance. Dans sa sollicitude pour tous les Français, elle craignit d'exposer à de nouveaux dangers ceux même qui étaient le plus opposés à ses vues; appliquant ainsi ce grand principe d'économie politique : Que l'oppression, quelle qu'en soit la victime, doit alarmer tout le monde, parce qu'elle menace toutes les libertés.

Cependant plusieurs motions furent faites (1), plusieurs projets furent présentés au comité de législation criminelle, un entre autres, par lequel on proposait de faire promener dans les rues, et d'exposer sur la place publique, armé de pied en cap, tout homme qui serait convaincu de s'être battu en duel. Mais ils furent tous également rejetés ; le mot *duel* ne fut pas prononcé dans le Code pénal de 1791, et on crut avoir assez fait, en abolissant, par une disposition générale, l'échafaudage antique des lois sur le duel.

On crut avec raison que les insultes, causes premières des duels, deviendraient de jour en jour plus rares dans un royaume où toute dépendance féodale était

---

(1) *Voyez* la Table générale du Moniteur, année 1791, nos 36 et 183.

anéantie, où les déférences ne seraient plus que de simple courtoisie, et où chaque citoyen aurait un droit égal à la protection des lois.

Peut-être cette diminution graduelle dans le nombre des duels, est-elle le point de perfection auquel il est raisonnablement permis d'aspirer parmi nous.

Quoi qu'il en soit, dans ce silence rationnel de la loi, et depuis la publication du Code de 1791, il n'a pas plus été permis de poursuivre le duel que le suicide.

Cependant quelques tribunaux ne l'entendirent pas ainsi : on fit des poursuites, on rendit même quelques jugemens pour cause de duel.

Mais ces actes judiciaires furent dénoncés à l'Assemblée législative, qui avait succédé à l'Assemblée constituante, et le 17 septembre 1793 il fut rendu décret dont l'article 1er est ainsi conçu :

« *Tous* procès et jugemens contre des

» citoyens depuis le 14 juillet 1789, sous » prétexte de provocation au duel, sont » *éteints et abolis.* »

Cet acte législatif donne lieu à deux observations également importantes.

La première, que *tous procès et jugemens* furent indistinctement abolis ; ce qui prouve assez qu'ils avaient été entrepris en contravention aux lois.

La seconde, que ces procès et jugemens furent abolis *à compter du* 14 *juillet* 1789, parce que les lois sur le duel n'ayant été portées, ainsi que nous l'avons prouvé, que pour la noblesse et gens d'armes, elles avaient été nécessairement abrogées par celles qui avaient déclaré que tous les citoyens étaient égaux devant la loi.

Enfin, le 29 messidor an II la Convention nationale rendit un décret qui « renvoie à sa commission chargée du recense» sement et de la rédaction complète des » lois, pour examiner et proposer les

» moyens d'empêcher les duels, et la peine
» à infliger à ceux qui s'en rendraient
» coupables, ou qui les provoqueraient. »

Ces divers actes législatifs, qui reconnaissent positivement l'inexistence des lois contre le duel, ont jusqu'ici servi de règle ; et comme les Codes de l'an IV et de 1810 n'ont point rempli la lacune indiquée par le décret du 29 messidor an 2, les tribunaux s'y sont conformé, de manière que quoique depuis vingt-cinq ans quelques duels aient eu lieu, la justice n'a jamais cru devoir s'en occuper.

Toutes les branches du pouvoir législatif ont depuis consacré la même doctrine. Le monarque, par le silence de ses agens; la cour des pairs, par une décision précise; la chambre des députés, par un ordre du jour motivé; les cours, par leurs arrêts, et notamment celle de Paris, par l'arrêt du 9 mai 1818; enfin la même chambre des députés, en arrêtant qu'elle s'occupera de la proposition de M. Clausel de Coussergues, dont le développement commence par l'aveu formel que nos lois actuelles ne contiennent point de dispositions relatives au duel.

CHAPITRE VIII.

QUESTION DE LÉGISLATION CRIMINELLE SUR LA QUALIFICATION DU DUEL.

L'ÉTAT de la législation sur le duel est resté pendant vingt-cinq ans tel que nous l'avons présenté dans le chapitre précédent, mais il est tout à coup devenu incertain, par le changement survenu dans la jurisprudence des cours royales, dont quelques-unes ont pensé que le duel pouvait être poursuivi en vertu des dispositions du Code pénal de 1810.

Ce fut la cour royale de Besançon qui la première émit cette opinion.

Par arrêt du 30 septembre 1817, la chambre d'accusation renvoya par-devant la cour d'assises du département du

Jura, comme prévenu de meurtre volontaire, le capitaine Rosay, qui dans un duel, précédé de provocation, avoit tué le sieur Romand de Poligni.

Comme il n'y avait pas de partie civile dans cette affaire, M. le procureur-général près la cour royale de Besançon se pourvut seul contre cet arrêt, qui fut cassé sans renvoi le 27 mars 1818.

Postérieurement, et dans le courant du mois d'août de la même année, un sieur Caselles ayant tué en duel un sieur Ferret, la cour royale de Montpellier, dans le ressort de laquelle le fait était arrivé, rendit arrêt qui renvoyait ledit Caselles devant la cour d'assises, comme prévenu d'*assassinat prémédité*.

Celui-ci se pourvut en cassation, et le 8 janvier 1819, arrêt de la section criminelle qui casse et renvoie devant la cour royale de Toulouse, chambre d'accusation.

Le 12 février 1819, la cour de Toulouse

rendit arrêt conforme, mais en écartant le fait de la préméditation, ce qui laissait Caselles sous la prévention d'un meurtre volontaire.

Nouveau pourvoi du sieur Caselles, et cette insistance des cours royales indiquant une difficulté sérieuse, nécessita de la part de la cour de cassation (1) un examen autant approfondi qu'on peut l'espérer de la sagesse humaine.

Les recherches de M. le procureur-général, qui porta la parole en cette occasion, atteignirent la question dans ses rapports les plus intimes; il examina le duel dans ses antécédens, sa nature, et ses conséquences.

Il réduisit surtout à sa juste valeur le discours fait par M. Monseignat, membre

(1) En réduisant à un dénominateur commun l'âge de tous les membres de la cour de cassation, ainsi que leurs services judiciaires, on a pour résultat plus de soixante ans d'âge pour chacun, et plus de trente ans de service.

du Corps législatif, après la présentation du Livre III du dernier Code pénal, discours dans lequel ce député disait que le duel se trouvait compris dans le genre des faits caractérisés par ce Code.

Il fit voir que ce discours d'un député, peu connu alors, et qui depuis ne l'avait pas été davantage, ne pouvait pas tenir lieu d'une loi sur un objet qui n'avait jamais été mis en discussion.

Que ce discours, dont la publication n'avait aucun caractère officiel, ne contenait que l'affirmation d'une croyance, qui venant d'un député, pour lors étranger à la confection de la loi, pouvait n'être qu'une erreur, et surtout qu'il ne devait pas faire autorité, quand les orateurs du gouvernement n'avaient pas dit un mot dont on pût tirer une pareille induction (1).

---

(1) Le mémoire fait à cette occasion par l'avocat Me Loiseau nous a aussi paru digne du grand intérêt que présentait cette cause.

Ce magistrat parcourut la série entière des lois rendues sur la matière, et fit voir que non-seulement elles n'avaient pas été faites pour le duel, mais encore, qu'en appliquant le Code dans toute son intégrité, il faudrait aller plus loin que la cour royale, puisque l'article 297 était conçu de manière à convertir tout duel en assassinat; et par une suite de raisonnemens irrésistibles, il amena la section criminelle de la cour de cassation à rendre arrêt en ces termes :

« Attendu que, par l'arrêt de la cham-
» bre d'accusation de la cour royale de
» Toulouse, dont la cassation est deman-
» dée, le sieur Caselles a été renvoyé de-
» vant la cour d'assises du département
» de la Haute-Garonne, pour y être jugé
» sur l'accusation d'un homicide volon-
» taire, prévu et puni par les art. 295 et
» 304 du Code pénal.

» Que, d'après les faits déclarés dans

» cet arrêt, cette accusation a été prononcée contre lui sur ce qu'il aurait tué le sieur Ferret dans un duel, dans lequel celui-ci, qui avait porté les premier coups, fut atteint à la poitrine d'un coup qui le priva à l'instant de la vie.

» Mais que les art. 295 et 304 du Code pénal, ni aucun autre article de ce Code sur l'homicide, le meurtre et l'assassinat, ne peuvent être appliqués à celui qui, dans les chances réciproques d'un duel, a donné la mort à son adversaire, sans déloyauté, sans perfidie.

» Que ce fait ne saurait rentrer dans l'article 319, qui a prévu le cas d'un homicide commis involontairement, par négligence ou maladresse.

» Qu'il ne rentre pas non plus dans les articles 321 et 326, qui supposent un meurtre commis sans liberté d'esprit, ou dans le premier ressentiment provoqué par des coups, ou par des violences graves.

» Qu'il ne pourrait pas être poursuivi
» et puni d'après les articles 295 et 304,
» parce que le meurtre, qui est l'objet
» de ces articles, est celui qui a été com-
» mis sans avoir été provoqué, comme
» dans l'espèce, par des coups ou par des
» violences, mais sans dessein antérieure
» ment formé dans l'emportement subit
» d'une passion violente, ou l'inspiration
» d'un sentiment pervers, qui a fait exécu-
» ter un crime que la réflexion n'avait pas
» médité, et dont l'idée n'avait pas été
» conçue.

» Qu'il ne pourrait être enfin assimilé au
» meurtre commis avec préméditation,
» que le Code qualifie assassinat, et qu'il
» punit de mort.

» Que l'assassinat, en effet, suppose une
» aggression préméditée, non concertée
» auparavant avec celui sur qui elle a été
» exercée, accompagné du dessein de don-
» ner la mort, et dans laquelle, s'il y a une

» résistance, la défense n'est née que de » l'attaque.

» Que dans le duel, au contraire, il y a » toujours convention antérieure, inten- » tion commune, réciprocité et simulta- » néité d'attaque et de défense.

» Que le même rapprochement des dis- » positions du Code pénal, sur les bles- » sures, conduirait à la même décision, à » l'égard des blessures faites dans un duel.

» Que du reste, si, lorsqu'il n'y a pas du » doute dans une loi, on devait recourir à » des autorités prises hors de son texte, on » rappellerait le décret du 29 messidor an » 2, duquel il résulte que l'assemblée qui » exerçait à cette époque le pouvoir légis- » latif, reconnut que le duel, et consé- » quemment les faits qui en sont le résul- » tat ordinaire, n'avaient pas été prévus » et punis par le Code de 1791, alors en vi- » gueur ; ce qui s'applique nécessairement » au Code pénal actuel, qui n'a fait que

» renouveler sur l'homicide, le meurtre, » l'assassinat et les blessures, les dispositions du Code de 1791, ou du moins ne » les a pas étendues.

» Que c'est au pouvoir législatif à juger » s'il convient de compléter notre législation par une loi répressive, que la religion, la morale, l'intérêt de la société, et » celui des familles paraissent réclamer, et » à régler par quelles mesures peuvent » être prévenus ou punis des faits qui ont » un caractère spécial par leur nature, leur » principe et leur fin.

» Que lorsqu'un homme a été tué, ou a » reçu des blessures, la loi veut qu'il soit » fait des recherches et des poursuites.

» Mais lorsque par la défense du prévenu, et par les notions de l'instruction, il » est établi que la mort a été donnée, ou » que les blessures ont été faites sans déloyauté dans les chances d'un duel dont » les parties étaient convenues, quelque

» blâmable qu'ait été son exécution, l'ac-
» tion de la justice doit s'arrêter, parce
» qu'elle n'a droit de poursuivre que les
» crimes et les délits, et que les seuls faits
» qui soient crimes ou délits sont ceux que
» la loi a qualifiés tels.

» Et attendu que la cour royale de Tou-
» louse n'a point reconnu que l'instruc-
» tion fournit quelque preuve, ni même
» quelque indice, que ledit Caselles eût
» donné la mort au sieur Ferret, par un
» fait autre que celui résultant des chan-
» ces de leur duel.

« Que dans ces circonstances, la mise en
» accusation, et le renvoi du sieur Caselles
» à la cour d'assises ont été une fausse ap-
» plication des articles 295 et 304 du Co-
» de, et par suite une violation des articles
» 229 et 299 du Code d'instruction crimi-
» nelle.

» La cour casse, etc. ».

Quoique cet arrêt se soutienne assez

par l'évidence de ses motifs, nous nous permettrons d'y ajouter quelques réflexions qui ne sont pas sans quelque poids.

L'erreur dans laquelle sont tombées les cours royales est excusable, parce qu'elles y ont été entraînées par des considérations morales, qui peuvent séduire au premier coup d'œil; mais il nous paraît impossible qu'à l'avenir des magistrats puissent y persister de bonne foi.

En effet, comment peut-on soutenir de bonne foi que la pratique du duel soit tellement insolite, qu'elle n'ait pas dû se présenter aux législateurs de 1791, de l'an 4 et 1810, comme un mal qu'il fallait réprimer ou prévenir ?

Peut-on soutenir de bonne foi que le mot *duel* est tellement barbare ou insignifiant, qu'il n'a pas été jugé digne de figurer dans un Code pénal ?

Peut-on soutenir de bonne foi que toute la législation relative au duel peut se trouver, non pas dans la loi, mais dans le silence de la loi ?

Doit-elle donc être si simple cette législation, qu'on puisse, sans craindre de se tromper, en faire une conséquence inductionnelle de quelque article d'une loi générale ?

N'y a-t-il donc pas des duels inopinés, des duels avec préméditation unilatérale, avec préméditation réciproque ; des duels de pur mouvement, d'autres provoqués par des injures légères, graves, très-graves ; par des coups, par des coups accompagnés d'outrages ; des duels sans témoins, avec des témoins amenés exprès, volontaires, quoique fortuits, simplement volontaires, etc., etc. ? La loi n'aurait-elle pas dû prévoir ces diverses circonstances, et y coordonner les peines ?

Une pareille loi n'existe pas : il faut donc s'arrêter ; et en invoquer une autre, serait vouloir étendre les accusés sur le lit de Procuste.

Mais, dira-t-on, les jurés s'expliqueront: Hérésie! on ne peut appeler le juri à s'expliquer sur des faits, qu'autant qu'ils ont déjà été préalablement qualifiés crime ou délit par la loi ; et il n'existe pas plus de loi sur le duel que sur le suicide.

Pourrait-on dire que les juges examineront les faits, et poseront les questions?

Alors c'est aux juges à frémir ; car il leur serait donné de se jouer arbitrairement de la vie des hommes, et on sait trop que tout pouvoir arbitraire finit par devenir tyrannique.

La preuve de cette effroyable puissance peut se faire avec la plus grande facilité, sans sortir de l'hypothèse de l'arrêt de la cour royale de Toulouse.

Caselles reçoit un cartel de Ferret; il l'accepte, se rend au lieu indiqué; ils se battent, et Ferret est tué.

Les faits ainsi convenus peuvent être considérés par les juges, et par eux arbitrairement présentés aux jurés de quatre manières.

Comme meurtre commis dans la nécessité actuelle d'une légitime défense; comme meurtre excusable, comme meurtre volontaire, comme meurtre commis avec préméditation.

Dans le premier cas, le prévenu sera acquitté ; dans le second, il sera puni correctionnellement ; dans le troisième, il sera puni de vingt ans de fers, comme si Caselles avait tiré de sa poche un pistolet, et brûlé la cervelle à Ferret sans défense ; et dans le quatrième, il serait puni de mort, comme s'il l'avait assassiné de guet-apens, et volé sur la grande route.

Étrange bigarrure, et qui ouvre un vaste champ à de grandes injustices, à de déplorables erreurs.

Et qu'on ne dise pas que chose pareille

n'arrivera jamais ; sans doute la seule possibilité suffit ; mais nous n'en sommes plus réduits à la simple possibilité.

La chambre du conseil du tribunal de Montpellier avait décidé que Caselles avait tué Ferret, en repoussant une provocation faite par des violences graves. Mais sur l'opposition de M. le procureur du roi, la cour royale de Montpellier annulla cette ordonnance, et renvoya Caselles devant la cour d'assises, comme prévenu d'un *homicide volontaire et prémédité.*

Il existe donc déjà une cour royale qui n'a pas reculé devant l'idée de donner aux Français le spectacle jusqu'ici inconnu d'un simple duel puni du supplice des plus atroces brigands.

Au reste, si on adoptait le système des cours royales, ce résultat deviendrait celui de toutes les procédures qui auraient le duel pour objet ; car l'article 297, que la cour de Toulouse a mal entendu, définit la préméditation d'une manière telle, qu'il serait impossible de ne pas la trouver dans tout rendez-vous donné et accepté.

Tels sont les maux dont jusqu'ici la cour de cassation a préservé la France.

Il est cependant vrai qu'en Angleterre les tribunaux appliquent aux duels les lois portées contre le meurtre.

Mais c'est en vertu d'actes positifs, qui classent les duels d'après les diverses circonstances dont ils sont précédés, et les qualifient *murder, man slaughter* ou *mis demeanor*.

Au reste, quoique les duels soient plus nombreux en Angleterre qu'en France, et qu'ils soient plus cruels, puisqu'ils s'exécutent au pistolet, ces lois sont rarement invoquées et presque jamais appliquées. Enfin on peut croire que cette imperfection n'aurait pas échappé à une révision, si, comme nous, les Anglais avaient, *trois fois en trente ans, refait leur Code pénal.*

Mais qu'avons-nous besoin de recourir au-delà des mers, quand nous sommes suffisamment éclairés par les annales de notre propre législation ?

Lorsque le conseil de Louis XIV voulut prévenir et punir les duels, il existait déjà sur le meurtre et l'assassinat des lois qu'il était bien éloigné de vouloir révoquer. Il n'en crut pas moins, avec grande raison, que cette espèce particulière de meurtre devait être réglée par une législation spéciale. Il en fit un système complet; il qualifia les faits, gradua les peines, et créa les tribunaux. Tout cet édifice a été détruit, et on n'a rien mis à la place, quoique déjà deux fois on ait cru en voir la nécessité; il est donc éminemment vrai de dire que les lois criminelles qui nous régissent en ce moment, ne contiennent aucune disposition qui soit applicable au duel.

Nous terminerons ici ce chapitre, et nous tiendrons la parole que nous avons donnée, de nous arrêter au moment où nous croirons n'avoir plus que l'incrédulité systématique à combattre.

Nous n'en avons pas moins déploré la nécessité où on s'est trouvé de mettre la question à nu, et de faire cesser l'espèce d'indétermination où les circonstances et le silence des tribunaux avaient laissé jusqu'à présent le duel. Mais cet ordre de choses est infiniment préférable à celui où on poursuivrait des coupables que la loi n'a pas désignés, et où le sang français coulerait par la découverte inopinée d'une législation *masquée*, que les auteurs du Code de 1810 n'eussent certainement pas osé proposer dans un temps où l'esprit militaire était en France à son plus haut point d'élévation.

CHAPITRE IX

FAUT-IL FAIRE UNE LOI?

Depuis le règne de Henri IV jusqu'en 1757, on trouve dans les recueils une douzaine de lois ou ordonnances, et au moins huit arrêts de règlemens, ayant tous pour objet la punition ou la répression des duels. Et tous ces actes de la puissance législative ou judiciaire, quoique fondés sur les plus graves considérations de religion et de bien public, ont cependant cela de remarquable, que chacun d'eux commence toujours par l'aveu que celui qui a précédé n'a produit aucun effet, et qu'au contraire les duels n'en sont devenus que plus multipliés.

Cette leçon de l'expérience ne doit pas

être perdue; elle nous impose au moins la nécessité d'une grande réserve; car il ne faut pas que la loi parle quand elle ne doit pas être obéie; il vaut cent fois mieux n'en pas faire que de les laisser sans exécution; et l'immortel auteur de l'*Esprit des lois* nous apprend que plus elles épouvantent moins elles sont respectées.

Cette inexécution des lois sur le duel, malgré les changemens qui ont eu lieu, pendant cinq règnes successifs, dans les circonstances, les ministres et les juges, doit avoir une cause puissante.

Cherchons-la.

Il est des crimes contre lesquels on est toujours convenu de recourir à la protection des lois. Tels sont : l'assassinat, l'incendie, le poison, le vol, et autres semblables.

Le devoir de tout gouvernement est d'employer la force publique pour arrêter des attentats qui ameneraient bientôt la dissolution de la société, et jamais il n'est venu dans l'idée de personne d'en chercher vengeance autrement qu'en recourant à l'autorité des lois.

Ceux qui se rendent coupables de ces excès sont presque toujours des lâches qui se cachent dans l'ombre, attaquent lorsqu'ils supposent qu'on ne pourra pas se défendre, et qui cherchent à disparaître quand le crime est consommé.

Enfin, on est encore convenu que la violence n'ôte point l'honneur, et l'homme le plus délicat sur cet article ne balancerait pas un instant pour dénoncer aux tribunaux l'assassin, quel que fût son rang, qui lui aurait porté un coup d'épée par derrière.

Mais ce n'est point des circonstances pareilles qui donnent lieu aux duels; on ne s'est presque jamais battu que par suite de faits légers en eux-mêmes, mais aggravés par le dessein marqué d'outrager.

Ils arrivent souvent en public, ou s'ils ont eu lieu sans témoins, l'offenseur les publie, et s'en fait gloire.

En pareil cas on n'est pas opprimé, mais outragé; on n'a pas besoin de protection, mais de vengeance, par ce que c'est l'honneur qui est attaqué. L'honneur, c'est-à-dire le témoignage que se rend tout citoyen, qu'il remplit ses devoirs, et qu'il a droit à l'estime des autres.

Ce n'est donc point l'effet physique d'un démenti, d'une injure, même d'un soufflet qu'on cherche à laver dans le sang; on attache le plus souvent peu d'importance à l'assentiment de celui qui nous a démenti; un coup n'est rien par la douleur qu'il cause, et on se ferait une gloire de la surmonter si elle était la suite d'un accident; mais on peut difficilement se résoudre à supporter le dédain ou le mé- [illegible], car celui qui en donne des marques [illegible]oujours moins l'air de témoigner son opinion, que d'être l'organe de l'opinion des autres; il ne dit pas ce qu'il pense, mais ce qui est; il ne vous outrage pas parce qu'il vous dédaigne et vous méprise, mais parce que vous êtes *dédaignable* ou méprisable; de sorte que les injures, affronts, avanies et outrages ne sont, en quelque sorte, qu'un langage plus fortement articulé pour exprimer le mépris, et quelquefois un mépris tellement profond qu'on peut le montrer sans conséquences.

Or, on ne peut pas donner un démenti plus formel à celui qui nous méprise, qu'en nous mettant sur la même ligne que lui, en lui soutenant que nous ne le craignons pas, parce que nous sommes aussi braves, et en nous montrant prêts à affronter la mort pour l'en convaincre. C'est donc parce que toutes les réparations que prononce la loi n'ont point ce degré d'évidence populaire, c'est parce qu'elles ne peuvent pas produire un effet égal à cet acte personnel de l'homme offensé, que l'opinion publique s'en est reposée sur lui, et lui en a laissé le soin.

Ce défaut d'équivalent, cette impossibilité morale d'effacer le mépris est véritablement le point sensible de la difficulté, et quoiqu'il n'ait peut-être, du moins à notre connaissance, été aussi précisément signalé, il a dû être aperçu dans le secret des délibérations, et c'est là que se sont arrêtées les trois commissions législatives qui ont préparé les Codes criminels de 1791, de l'an 4, et de 1810.

Cette difficulté est loin d'être la seule; et quand on s'élève assez haut pour apercevoir le sujet dans toute son étendue, on est effrayé des changemens qu'il faudrait faire dans notre législation pénale, pour porter une bonne loi sur le duel.

Le premier but de cette loi, si on voulait agir conséquemment, devrait être de prévenir les offenses; car il y aurait injustice à punir la bravoure, quand on aurait négligé de châtier l'insolence.

Cette succession d'idées, qui est la seule raisonnable, s'était présentée aux conseils de Louis XIV. On s'était, en premier lieu, occupé des outrages, et suivant leur gravité, ils pouvaient donner lieu à un emprisonnement qui pouvait durer jusqu'à vingt ans.

Mais quel est celui qui se chargerait maintenant d'indiquer les diverses manières dont un homme peut, et avec un égal effet, en outrager un autre?

Il est des manières d'offenser qui sont communes, et à la portée de tout le monde; il en est d'autres non moins énergiques, qui sont, en quelque sorte, traditionnelles, et qui, pour être peu démonstratives, n'en ont pas moins l'effet de traiter un homme *plus bas que terre.*

Par exemple, celui qui, après avoir regardé avec affectation quelqu'un de la tête aux pieds, lui tourne ensuite brusquement le dos, n'a usé ni de gestes ni de paroles ; et cependant il a plus fait que s'il avait proféré ce que le dictionnaire des injures a de plus offensant. On peut coudoyer un homme par mégarde : si on y met de l'affectation, on l'a provoqué. Les expressions les plus injurieuses peuvent se concentrer dans un seul regard, , etc.

Des frères se sont battus pour venger le déshonneur de leur sœur ; des maris, pour *prévenir* celui de leurs épouses : ici la loi était muette...

Voilà pour le Code pénal ; passons maintenant au Code d'instruction criminelle.

Louis XIV sentant tout le prix que la noblesse française mettait à l'honneur, lui avait désigné des juges d'une importance égale aux grands intérêts qu'ils avaient à traiter.

A Paris, c'étaient les maréchaux de

France, et en province les gentilshommes les plus distingués, qui étaient chargés d'examiner les faits, et d'ordonner les réparations : il ne nous reste plus rien de pareil.

Un sentiment irrésistible de convenances nous dit que ces tribunaux, juges suprêmes du point d'honneur, seraient mal représentés par les juges de paix ou par les tribunaux correctionnels; et ce serait une nouveauté au moins bizarre dans nos mœurs, de voir un duc invoquer contre un lieutenant-général, devant le juge de paix de P**, l'art. 376 du Code pénal pour des injures ; ou un marquis citer un président devant le tribunal d'arrondissement de P**, pour lui faire appliquer les peines portées par l'art. 311 du même Code, pour certaines violences.

Qu'on traite, si on veut, de préjugé cet excès de délicatesse dont les Français se départiront difficilement; mais n'oublions pas qu'il est des préjugés qui ont fait plier la loi.

Nous en avons des exemples dans celles qui ont été portées contre les jeux de hasard et contre l'adultère.

Depuis Charlemagne jusqu'en 1806, il n'est sorte de précautions législatives et judiciaires qu'on n'ait prises en France contre les jeux de hasard. On n'en a pas moins joué toujours, partout, publiquement, et impunément; il a fallu finir par y trouver une branche de revenu public.

Depuis la loi Julia, *de adult.*, jusqu'au Code pénal de 1810, on a menacé, et quelquefois puni l'adultère; cependant il est au moins douteux que les femmes en aient été ni moins attaquées, ni plus sages.

Ce qui est bien certain, c'est que tout Français qui aura rendu publique la faute de son épouse, se voit baffoué, demeure honni, et ne trouvera plus, s'il devient veuf, une seule mère de famille qui consente à lui confier le bonheur de sa fille.

Comme magistrat, nous avons gémi de cette révolte de la galanterie française contre la loi; comme philosophe, nous avons dû en rechercher la cause; et peut-être pensera-t-on que le mari qui publie la violation du lit conjugal, et brave ainsi l'opinion générale, qui ne veut pas qu'une femme puisse manquer à un homme estimable, annonce un front plus aguerri, que l'épouse qui n'a pas su résister à un séducteur souvent imprudemment accueilli.

Ainsi nous persistons à croire que des difficultés de toute espèce rendront toujours une loi sur le duel très-difficile à concevoir.

Et d'ailleurs comment faire pour la mettre en harmonie avec l'article 1er de la Charte, ainsi conçu : « les Français

» sont égaux devant la loi, quels que » soient d'ailleurs leurs titres et leurs » rangs. »

Ainsi un soufflet sera puni de la même peine, quel que soit celui qui le donne, quel que soit celui qui le reçoit; mais les règles éternelles de la justice ne seront-elles point blessées, si on n'a aucun égard aux différences aussi réelles que difficiles à apprécier, qui naissent de l'éducation reçue, des fonctions occupées, de l'état des personnes, de l'âge, de la hiérarchie civile, militaire, administrative, etc., etc.? Sur quels principes graduera-t-on l'échelle de ces différences? et quand on les aura trouvés, que diront ceux qui tiennent à l'exécution rigoureuse de la Charte?

L'imagination s'y perd.

Mais cette loi est-elle donc si urgente? Malgré les derniers événemens qu'aucune loi n'eût arrêtés, on peut toujours soutenir que les duels sont rares : cette manie déjà fort affaiblie en 1789, a encore diminué depuis.

On a vu qu'alors quatre à cinq duels eurent lieu entre les membres de l'assemblée constituante ; depuis cinq ans les mêmes partis sont en présence, avec un degré presque égal d'exaspération ; et cependant, grâce au ciel, aucun propos offensant n'a été échangé entre les députés des chambres législatives, pas une goutte de sang n'a été versée.

Dans le même temps, et malgré des lois en vigueur, les membres du parlement d'Angleterre s'envoient assez souvent des cartels. Wimbledon est l'endroit destiné à vider ces sortes de querelles, et appeler quelqu'un à Wimbledon est une façon de parler dont tout le monde comprend la signification.

Il nous semble aussi que le préjugé du point d'honneur perd de sa force depuis qu'il appartient à tout le monde, et peut-être jamais le temps ne fut-il mieux choisi pour pouvoir sans inconvénient mépriser ou pardonner une injure (1).

Car il est une chose qu'on ne doit jamais perdre de vue, c'est qu'on ne se bat qu'autant qu'on le veut bien ; et si l'opinion publique peut venir jusqu'à approuver ce refus, si on veut convenir qu'on peut, par toute autre raison que par crainte de la mort, décliner le tribunal de la justice personnelle, où l'offensé ne peut paraître qu'avec désavantage, il n'y aura plus de duel.

Mais ce duel si abhorré n'a-t-il pas fait quelque bien ?

Il contribue au maintien des égards qu'on se doit dans la société, non comme on a paru le croire par la frayeur qu'il cause ; quoiqu'il y eût bien quelque chose à dire là-dessus, puisqu'on sait que les

(1) *Voyez*, le § XVI.

plus impolis ne sont pas toujours les plus braves : mais en rendant plus important et plus général ce principe de l'éducation première, qu'il ne faut offenser personne.

Le duel contribue à éteindre les haines; il est rare qu'elles survivent à un combat, car le même principe qui veut qu'on demande satisfaction, veut aussi qu'on estime celui qui l'offre de bonne grâce.

Mais surtout le duel empêche les assassinats : le passage suivant est extrait des remontrances faites à Philippe-le-Bel, quelque temps après son édit de 1303.

« Mais tout autant que ces édits ont été » auparavant et maintenant vus par ex» périence de nul ou de peu d'effait, si l'on » n'en use autrement ; étant seulement » pour advantage aux lasches pour tuer, » *comment que ce soit*, leurs ennemis plutôt » par supercheries grandes qu'autrement; » d'autant qu'il arriveroit, et arrive ordi» nairement, que tous les gens de bien et

» francs courages pour y aller plus volon-
» tiers et librement, étoient moins défians
» par nature, et jugeant communément
» les hommes d'autrui par eux-mesmes:
» les bons et vaillans ne sachant ni ne
» pouvant penser à commettre méchance-
» té, y sont le plus souvent surpris, et y
» périssent misérablement ; tellement que
» la condition des lasches et plus poltrons
» en ce temps, semble beaucoup meilleure
» que celle des gens de bien, pour ce que
» les courageux, comme j'ai dit, ne pen-
» sent jamais nul mal, ni ont de trahisons
» en leur cœur, dont malheureusement
» ne peuvent éviter leur ruine et dom-
» mage... »

Ce qui était vrai alors, l'est encore aujourd'hui ; et si nous voulons bien regarder autour de nous, nous verrons que les assassinats augmentent en raison de la rareté des duels, et que s'ils ont été presque inconnus en Italie, c'est qu'on y trouvait beaucoup plus commode de faire assassiner.

Enfin, ceux qui demandent une loi sur le duel ont-ils bien réfléchi sur la composition des corps dont l'assentiment est nécessaire sous le régime constitutionnel pour la confection des lois ?

Cette loi sortira difficilement du conseil d'état; il est douteux qu'elle passât à la chambre des députés, mais elle serait très certainement rejetée par la chambre des pairs ; et on n'aurait pour résultat que beaucoup de temps perdu.

Ajoutons une dernière réflexion tout-à-fait appropriée aux circonstances où nous nous trouvons.

Une loi sur le duel, quel que sage qu'on puisse la supposer, portée en ce moment, aurait toujours l'air d'un coup de parti : elle déconsidérerait l'un, exaspérerait l'autre, et deviendrait, par le duel même, la source de beaucoup de malheurs particuliers.

Que conclure de tout ce qui précède?

1°. Qu'il faut ajourner toute loi sur le fait du duel;

2°. Qu'on ne peut guère en espérer la cessation absolue, pour tous les cas et pour tous les états;

3°. Qu'il faut chercher la diminution progressive des duels par la même méthode qui en a déjà fort diminué le nombre, c'est-à-dire, au moyen de l'opinion publique;

Qu'ainsi, c'est à tous ceux qui dirigent cette opinion:

Au roi, pour qui les Français sont prêts à tout faire;

Aux chefs de corps, par une surveillance éclairée;

Aux écrivains qui jouissent de la confiance publique;

Aux théâtres, qui ont déjà produit tant de salutaires effets, de se réunir pour attaquer le duel par les armes combinées de l'autorité, de la morale, de la raison, et même du ridicule, car heureusement on peut employer ces divers moyens avec un égal avantage ; et quand on en sera venu au point où un duel sera regardé comme un événement rare, on se persuadera que le but est atteint, qu'en cet état une loi n'aurait aucun effet utile, et on supportera comme un mal inhérent à la vivacité française un inconvénient devenu léger, et contre lequel la médecine politique n'aura point pu trouver de remède.

Nous ne pouvons mieux terminer cette discussion que par le passage suivant, extrait de la *Monarchie de Louis XIV*, par Lemontey, l'un des ouvrages le plus fortement conçus qui aient été publiés depuis cinquante ans.

« Le duel, dit cet auteur, ce reste du » droit de vengeance si cher à nos aïeux, » cette image des guerres privées, si im- » portante dans les mœurs féodales, avait

» toujours irrité l'orgueil de nos rois. Louis » XIV surpassa contre les duellistes les » sanglantes proscriptions de Henri IV et » de Richelieu ; mais il ne réussit qu'à de- » mi, et concourut lui-même à la violation » de ses ordonnances. Les gens de robe, » charmés d'une législation qui amenait à » leurs pieds les gens de guerre, en déve- » loppèrent les rigueurs avec une cruelle » vanité. La passion des combats singu- » liers s'éteignit, mais leur usage subsista; » on se contenta de ne pas les chercher; » on ne put se résoudre à les fuir. Le duel » est sans doute un mal, mais la crainte » du duel a quelques bons effets; c'est » pour ainsi dire le tribut imposé à la civi- » lisation d'un peuple vif et belliqueux, tri- » but que paient les fous et dont profitent » les sages. L'épée, protectrice de l'hon- » neur et de l'urbanité, conserva donc son » altière juridiction, et les Français ne de- » vinrent pas un peuple à stylet. »

NOTES SUPPLÉMENTAIRES

ET

ANECDOTES.

§. Ier.

Je donne ici, en faveur de ceux qui aiment à connaître les anciens usages, la relation d'un combat judiciaire qui n'alla pas jusqu'à la mort.

« Après la requeste de Hollande, faite » par le duc Philippe, nommé l'Assuré, » deux nobles hommes comparurent de- » vant lui, dont l'un se nommoit de Sou- » pleville, tenant le parti françois, et étoit » demandeur et appelant ; et l'autre fut » nommé Henri l'Allemant, qui étoit dé- » fendeur en cette partie.

» Soupleville disoit avoir foi de Henri

» l'Allemant comme prisonnier de guerre; » l'Allemant, défendeur, maintenoit que » non, et tenoit le parti de Bourgongne; » et fust trouvé par le conseil que puisque » autre preuve n'y pouvoit estre, que le » gage de bataille devoit estre permis en » cette partie, pource que si ledit Henri » étoit trouvé prisonnier, il devoit rançon, » et qui retient la rançon de celui qui a la » foi de lui, c'est larcin : et sous le mot lar- » cin fut le gage adjuré à estre bataille, » combien que pour larcin formé ne se » doit permettre gage de bataille.

» La bataille de ces deux nobles hom- » mes fut à Constantin en Hollande, de- » vant le duc Philippe; et après avoir lon- » guement combattu, Soupleville fut des- » confit et se desdit. A la requeste de Hen- » ri l'Allemant, son adversaire, le duc Phi- » lippe lui donna la vie; et fut mis en » mains du bourreau, et par les quatre » coins hors la lice, fut banni hors des païs

» de mondit seigneur; sa cotte d'armes lui » fut arrachée, et défendu de jamais la » porter, ne les armes qu'il avoit portées... »

§. II.

The duel of chivalry, lost its legality with the fall of the court of chivalry, it left behind it however the modern challenge, or duel, wich is dishonourable to refuse, and illegal to accept. The jury which swalowed up the duel at common law, could here afford no remedy. (Gilbert Stuart, *View of Society in Europe.)*

« La chute des cours de chevalerie entraîna la légalité du duel chevaleresque. » Il resta le défi moderne ou duel. Le jury, » qui engloutit le combat judiciaire, ne » put pas y remédier. »

§. III.

L'anecdote suivante prouve qu'il ne faut pas toujours se fier aux jugemens de

Dieu. Le héros de l'aventure était mon compatriote.

Le marquis de Th., fils d'un officier général qui se distingua fort dans les guerres de la succession d'Espagne, était l'ami intime du maréchal de Villeroi. Se trouvant en garnison à Bruges, il eut occasion de voir mademoiselle W**, qui avait trois frères, dont deux étaient militaires.

Le marquis fit sa cour ; il était Français, beau garçon, colonel de hussards, et bientôt la place se rendit à discrétion.

Mademoiselle W** n'en était pas à sa première faute ; mais celle-ci devint publique, parce qu'une grossesse se déclara, et que le marquis, qui avait ses raisons, refusa absolument d'épouser.

Avant que cette affaire fût arrangée, le régiment reçut ordre de partir, et avait à peine fait trois lieues lorsque l'aîné W** parut, courant à franc étrier. Le marquis ne lui donna pas le temps de parler ; ils se retirèrent dans un petit bois à cent pas du grand chemin ; le frère resta sur le carreau, et le marquis continua sa route.

A quelques mois de là, il se trouvait à Bayonne, et fumait tranquillement à la porte de son auberge, quand il vit le second des frères descendre d'une chaise de poste, et venir droit à lui. « Je sais ce que » vous me voulez, lui dit-il, et je vais vous » suivre. » Effectivement, ils allèrent sur le bord de l'Adour, et W** perdit la vie dans ce second combat.

Plus de deux ans s'écoulèrent avant que le marquis entendît de nouveau parler de cette affaire ; et comme sa santé était fort dérangée, il demanda, pour aller respirer l'air natal, un congé qui devait être définitif.

La maladie était une affection de poitrine qui suivait sa marche régulière et mortelle ; et le marquis, déjà prodigieusement changé, était dans son château, à une lieu de Belley, quand on vint l'avertir qu'un étranger demandait à le voir.

Il ordonna qu'on fît entrer, et ne fut pas médiocrement surpris de voir le troisième frère W**, qu'il avait laissé à Bruges à peine âgé de seize ans. « Je connais le » but de votre voyage, lui dit-il; mais ce » n'était pas la peine de venir; avant qu'il » soit peu de jours, la nature aura fait, » sans aucun danger pour vous, tout ce » que vous pouvez désirer de moi. »

« Je ne confie à personne ce que je n'at» tends que de mon épée, dit le Belge fu» rieux; venez, monsieur, le temps presse. »

Le marquis se fit donner son épée, fit relever les quartiers de ses pantoufles, et en camisolle de nuit suivit son antagoniste dans une forêt à peu de distance du château.

Il fut attaqué si vigoureusement qu'il fut obligé de rompre; une racine se trouva derrière lui; et comme il était affaibli par la maladie, il tomba. W** le voyant à terre, baissa aussitôt son épée : « Relevez-» vous, monsieur, lui dit-il; je suis venu » pour vous combattre, et non pour vous » assassiner .»

Le marquis s'étant relevé, ne voulait pas continuer à se battre; mais son adversaire l'y força, soutenant avec imprécations qu'un des deux devait rester sur la place. Le combat recommença donc, et ce fut encore W** qui en fut la victime; il s'enferra presque de lui-même, mourut sur-le-champ, et fut enterré dans la forêt.

Moins de trois semaines après cet événement, le marquis succomba à la suite de sa maladie. Et on ajouta que mademoiselle W**, devenue une riche héritière par la mort de ses frères, trouva facilement un époux qui, à l'aide de la dot, se montra peu difficile sur les antécédens.

§. IV.

Les lois de Louis xiv, quoique inefficaces par rapport à leur but principal, nous ont cependant offert la preuve de la puissance que peut avoir un appel fait à propos à l'honneur français.

Il existait depuis les temps chevaleresques, un usage aussi déraisonnable que meurtrier, savoir, d'appeler des seconds en plus ou moins grand nombre, pour prendre part aux duels. Cet usage rendait les amis solidaires dans les outrages comme dans la vengeance, et multipliait à l'infini les animosités qui en étaient la suite.

Louis xiv n'eut qu'un mot à dire pour le faire cesser. Dans l'article 14 de son édit de 1679, il le qualifia de lâcheté, et le punit comme tel.

« Encore que nous espérions que nos » défenses et des peines si justement or-

» données contre les duels, retiendront » dorénavant tous nos sujets d'y tomber; » néanmoins s'il s'en rencontrait encore » d'assez téméraires pour oser contrevenir » à nos volontés, non-seulement en se fai- » sant raison par eux-mêmes, mais en en- » gageant de plus dans leurs querelles et » ressentimens des seconds, tiers et au- » tre plus grand nombre de personnes, ce » qui ne peut se faire *que par une lâcheté* » *artificieuse, qui fait rechercher à ceux qui* » *sentent leur faiblesse, la sûreté dont ils ont* » *besoin dans l'adresse et le courage d'au-* » *trui*, nous voulons que ceux qui se trou- » veront coupables d'une si criminelle et si » *lâche* contravention, soient punis de » mort, *dégradés de noblesse, et déclarés ro-* » *turiers; leurs armes noircies et brisées pu-* » *bliquement par l'exécuteur*, etc. »

Après la publication de cette loi, l'usage des seconds cessa presque subitement, et fit place à celui des témoins qui se regardent ordinairement comme médiateurs, et ont effectivement arrangé bien des affaires toutes les fois qu'elles en ont été susceptibles.

Ce jalon, planté par hasard dans le vaste champ de la législation, ne doit pas être perdu pour l'observateur.

§. V.

Vers la fin du règne de Louis xv, il arrivait souvent qu'un jeune homme, qui se trouvait tranquillement assis dans un café ou autre lieu public, voyait s'approcher de lui un de ces mauvais garçons, pour lors si communs, qui lui disait : Monsieur, vous avez là une f. figure, cette figure me déplaît ; il me prend envie de la souffleter ; ou bien : Quelle tournure ! le vilain habit ! il n'y a qu'un *toqueson* qui puisse en porter un pareil ; et autres semblables douceurs. Si le jeune homme était *ferré*, on sortait et on allait se battre, sinon il se retirait tout honteux, et on n'y pensait plus. Je ne sais si je me trompe, mais il me semble que si quelque chose de semblable arrivait aujourd'hui, le perturbateur de la paix publique pourrait bien être mis à la porte par les assistans réunis.

§. VI.

A la révolution, il existait encore quelques-uns de ces mauvais plaisans ; j'en ai la preuve par une anecdote de famille.

En 1790, un mien frère, qui se nomme Frédéric, et qui depuis, par vingt-cinq ans de campagne, a gagné les épaulettes de colonel (1), vint me voir à Paris, et y apporta un énorme toupet depuis longtemps passé de mode. Il avait dix-neuf ans.

Le lendemain de son arrivée, il alla à

---

(1) Capitaine dans la 22ᵉ légère, commandant de bataillon dans le 26ᵉ, major au 45ᵉ, colonel au 133ᵉ.

l'Opéra, qui était pour lors sur le boulevard Saint-Martin, et se plaça au parterre, où l'on était encore debout.

Il avait derrière lui un freluquet qui eut bientôt flairé le provincial, et résolu de s'en amuser.

Déjà il lui avait dit trois ou quatre fois, d'un ton tout-à-fait patelin : Monsieur, si vous vouliez ranger votre toupet, il m'empêche absolument de voir ; et mon frère n'avait pas manqué de pencher la tête ou de passer la main sur ses cheveux, sans doute au grand amusement des voisins.

Le plaisant s'enhardit par cette condescendance, et au premier ballet, il passa les doigts dans le toupet ennemi, comme pour s'y pratiquer une petite fenêtre, en disant : Monsieur, ne faites pas attention, mais vous êtes si complaisant.....

Il se trompait cette fois ; car Frédéric, qui n'est pas très-badin, sentit enfin qu'on s'amusait à ses dépens; et se retournant, il lui appliqua un soufflet qui fut entendu de toute la salle.

Eh bien ! monsieur, voyez-vous plus clair ? Non, dit le Parisien tout étourdi; mais vous m'en rendrez raison. Eh bien ! *qu'il soit*, reprit mon frère; et vite il rendit son attention aux jambes de ces dames, qu'il voyait pour la première fois.

Quand le ballet fut fini, Frédéric se retourna pour voir en quel état était son futur partner; mais il ne le retrouva plus. Il avait profité d'un houras d'applaudissemens accordés aux entrechats de Vestris, pour se plonger dans les flots du parterre, et il est encore à en ressortir.

§. VII.

En s'occupant des mœurs au temps de Louis XV, il est impossible de ne pas accorder un souvenir à deux corporations nombreuses, que la révolution a fait disparaître de la scène sociale, les chevaliers et les abbés.

Régulièrement, et d'après l'usage, la qualification de chevalier n'aurait dû s'accorder qu'aux personnes décorées d'un ordre, ou aux cadets des maisons titrées; mais beaucoup de ces chevaliers avaient trouvé avantageux de se donner l'accolade à eux-mêmes (1), et si le porteur avait de l'éducation, et une bonne tournure, telle était l'insouciance de cette époque, que personne ne s'avisait d'y regarder.

Les chevaliers étaient généralement beaux garçons ; ils portaient l'épée verticale, le jarret tendu, la tête haute, et le nez au vent; ils étaient joueurs, libertins, tapageurs, et faisaient partie essentielle du train d'une beauté à la mode.

Ils se distinguaient encore par un cou-

(1) Self-Created.

rage brillant et une facilité excessive à mettre l'épée à la main. Il suffisait quelquefois de les regarder pour se faire une affaire.

C'est ainsi que finit le chevalier de S**, l'un des plus connus de son temps.

Il avait cherché une querelle gratuite à un jeune homme tout nouvellement arrivé de Charolles, et on était allé se battre sur les derrières de la chaussée d'Antin, presque entièrement occupés alors par des marais.

A la manière dont le nouveau venu se développa sous les armes, S** vit bien qu'il n'avait pas affaire à un novice : il ne se mit pas moins en devoir de le tâter; mais au premier mouvement qu'il fit, le Charolais partit d'un coup de temps, et le coup fut tellement fourni, que le chevalier était mort avant d'être tombé. Un de ses amis, témoin du combat, examina long-temps en silence une blessure si foudroyante, et la route que l'épée avait parcourue : Quel beau coup de quarte dans les armes ! dit-il tout à coup en s'en allant, et que ce jeune homme a la main bien placée !... Le défunt n'eut pas d'autre oraison funèbre.

Au commencement des guerres de la révolution, la plupart de ces chevaliers se placèrent dans les bataillons ; d'autres émigrèrent, le reste se perdit dans la foule. Ceux qui survivent en petit nombre sont encore reconnaissables à l'air de tête, mais ils sont maigres, et marchent avec peine ; ils ont la goutte.

§. VIII.

Quand il y avait beaucoup d'enfans dans une famille noble, on en destinait un à l'Église: il commençait par obtenir des bénéfices simples, qui fournissaient aux frais de son éducation; et dans la suite il devenait prince, abbé commendataire ou évêque, selon qu'il avait plus ou moins de dispositions à l'apostolat.

C'était là le type légitime des abbés; mais il y en avait de faux ; et beaucoup de jeunes gens qui avaient quelque aisance, et qui ne se souciaient pas de courir les chances de la chevalerie, se donnaient le titre d'abbés, en venant à Paris.

Rien n'était plus commode : avec une légère altération dans la toilette on se donnait tout à coup l'apparence d'un bénéficier ; on se plaçait au niveau de tout le monde ; on était fêté, caressé, couru; car il n'y avait pas de maison qui n'eût son abbé.

Les abbés étaient petits, trapus, rondelets, bien mis, câlins, complaisans, curieux, gourmands, alertes, insinuans ; ceux qui restent ont tourné à la graisse; ils se sont faits dévots.

Il n'y avait pas de sort plus heureux que celui d'un riche prieur, ou d'un abbé commendataire ; ils avaient de la considération, de l'argent, point de supérieurs, et rien à faire.

Les chevaliers se retrouveront si la paix est longue, comme on peut l'espérer ; mais à moins d'un grand changement dans l'administration ecclésiastique, l'espèce des abbés est perdue sans retour ; il n'y a plus de *sine cure*, et on en est revenu aux principes de la primitive Église, *beneficium propter officium*.

§. IX.

Voici, autant que je m'en souviens, la note des duels qui eurent lieu pendant l'Assemblée constituante.

M. le comte de Montlosier contre M. Huguet, maire de Billom. J'ai oublié quel fut le résultat.

M. Barnave contre M. de Casalès. Ce dernier reçut une balle au front, et la blessure eût été mortelle, si le coup n'eût pas été amorti par le chapeau, qui fut percé en deux doubles. M. de Casalès faisait volontiers à cette occasion des plaisanteries sur les obligations qu'il avait à son chapelier.

Le duc de Castres contre M. Charles de Lameth, à qui il donna un coup d'épée dans la poitrine. Sur la nouvelle de cette blessure, la populace courut à l'hôtel du duc, et le dévasta. L'assemblée envoya une députation de douze de ses membres pour s'y opposer : j'en étais ; mais nous arrivâmes trop tard : un petit vilain bossu et boiteux faisait un dégât effroyable avec sa béquille ; je le pris par le collet, et le portai entre les mains de la garde ; personne n'y mit la moindre opposition.

M. de Cussi, directeur des monnaies de Caen, contre un particulier qui l'avait apostrophé à table d'hôte sur quelques matières politiques, et auquel il cassa l'épaule d'un coup de pistolet.

Enfin, M. le président de Beaumets contre le vicomte de Mirabeau, dont il perça d'un coup d'épée l'énorme ventre.

Quoique les deux frères siégeassent aux deux côtés opposés de la salle, et ne se vissent jamais à cause de la diversité de leurs opinions, le comte de Mirabeau ayant appris l'événement du combat, n'en vint pas moins rendre visite à son frère, qui lui dit en le voyant entrer : « Soyez le bien » venu, monsieur le comte, et approchez- » vous sans crainte, mon mal n'est pas » contagieux ; on ne le prend que quand » on le veut bien. »

Les choses auraient été plus vite si on en avait cru M. de Faucigni ; il s'écria un jour dans la chaleur de la discussion : Mettons le sabre à la main, et tombons sur ces gaillards. Il fut d'abord question de le faire arrêter ; mais aux premières marques de repentir, l'assemblée lui fit grâce de la peine qu'il aurait encourue.

§. X.

Pour apprécier justement la conduite de l'assemblée constituante (1) relativement au duel, il est bon de rappeler des circonstances qui me paraissent avoir été tout-à-fait oubliées.

Le 3 février 1791, M. Chevalier, député de Paris, cultivateur, demanda qu'il fût fait une loi sur le duel; et motiva sa proposition sur ce que des bruits couraient que des spadassins étaient apostés pour attaquer les bons citoyens.

Cette motion, qui fut faite à une fin de séance, fut attaquée par MM. de Folleville, Foucaut, et passa, malgré l'opposition de plusieurs députés du côté droit.

L'assemblée ne s'en est plus occupé depuis dans ses séances publiques ; cepen-

(1) Cette assemblée qui paraît s'agrandir en s'enfonçant dans l'abîme des siècles *(Disc. du Ministre de l'Intérieur au Conseil des Cinq-Cents)*.

dant M. Barère de Vieusac fit insérer au Moniteur du mois de juillet suivant, des observations pour appuyer la loi ; on y lit :

« Les législateurs voient un usage féo- » dal survivre à la destruction de la féoda- » lité.

» Ils voient un usage circonscrit dans » une classe d'hommes former une caste » particulière au sein de l'égalité constitu- » tionnelle ; la cruauté polie des duels con- » servera donc ce que tant de décrets so- » lennels ont aboli, et la noblesse existera » encore parmi nous, par l'usage des gla- » diateurs, quand elle est proscrite par les » lois de la raison. »

Il concluait ainsi :

« Le duelliste assassine ses concitoyens » au lieu de les faire punir ; c'est une bête » féroce qu'il faut livrer à la discrétion des » hommes qui veillent à leur sûreté.

» Que le duelliste soit donc sans protec-

» tion de la part de la loi ; qu'il ne jouisse » plus d'aucun privilége de l'état social; » que cette exhérédation civile et politi- » que le livre à la merci de tous ceux qui » frappent un ennemi public ; que la loi » le déclare *ex loi*, c'est-à-dire déchu de la » protection de la loi, et de tous les droits » de cité. »

On voit que la motion, et les observations au soutien, avaient une assez forte teinte d'esprit de parti : la loi garda le silence, et ce silence fait son éloge.

§. XI.

La jalousie a quelquefois armé la main des Parisiennes du dix-huitième siècle.

Il y a environ quarante-cinq ans qu'une actrice, qui vit encore, en appela une autre au bois de Boulogne.

Il s'agissait d'un infidèle, à qui un second amour avait fait oublier le premier.

Elles furent l'une et l'autre exactes au

rendez-vous, et l'amante délaissée dégaîna la première; mais à la vue du fer vengeur, l'usurpatrice perdit courage, se laissa docilement souffleter, et revint pleurante à Paris.

Plus de trois mille ans auparavant, Homère avait vu Junon défier Diane, lui prendre les deux mains dans sa main gauche, lui enlever son carquois, et lui en donner sur les deux joues.

Les belles de nos jours ne sont pas moins irritables : il n'y a que peu de semaines qu'on a vu dans un dossier, au Palais de Justice, un cartel envoyé par madame C* de la Haute-Loire à madame F....., sa voisine, qu'elle accusait de lui avoir fait manquer un mariage.

La lettre était chaude, injurieuse, menaçante; et pour ne laisser aucun prétexte à la couardise, l'offensée laissait à madame F.... le choix des armes, et huit jours pour faire ses dispositions.

§. XII.

Le comte de Lalippe ayant été chargé par le roi de Portugal de reconstituer son armée, déclara qu'il congédierait du service les officiers qui allégueraient leur conscience pour se dispenser des affaires d'honneur, attendu que les régimens étaient faits pour les braves, et qu'il y avait pour les autres assez de couvens en Portugal.

Le même esprit règne dans toutes les armées, et il y aura toujours quelques duels entre militaires; mais une surveillance éclairée de la part des chefs, et qui aura été resserrée dans de justes limites par les mesures du gouvernement, peut les rendre extrêmement rares.

§. XIII.

Des renseignemens, dont tout le monde peut vérifier l'exactitude, prouvent que l'insolence ou la maladresse de ceux qui conduisent des voitures font plus de morts et de blessés en un an à Paris, que les duels n'en font en dix ans dans toute la France, et cependant personne ne parle de remédier à cet abus. Les journaux annoncent l'accident, et jamais la punition.

Ce n'est pas qu'il n'y ait dans le Code un article qu'on pourrait appliquer, et qui prononce une amende ; mais les maîtres y échappent par la rapidité de leur course, et les cochers, par le crédit des maîtres.

Les piétons, espèce utile et innocente *(innocuous)*, ne seront jamais à l'abri que sous l'égide d'une loi qui prononcera la confiscation *inévitable* de la voiture et des chevaux, toutes les fois qu'il y aura mort ou fracture.

Trente ans d'expérience ont dû apprendre qu'il faut quelque chose de plus qu'un simple intérêt pécuniaire, pour modérer une impétuosité si meurtrière.

Je recommande cette note à tous ceux qui ont quelque influence sur la préparation des lois.

§. XIV.

Le *tolle* général, crié depuis peu contre le duel, doit faire espérer de voir disparaître aussi ces épées auxquelles le dernier gouvernement avait attaché quelque fonctionnaires civils.

Les malins ne les épargnèrent pas dans le temps, et ne se sont pas corrigé depuis; ceux qui connaissent la puissance des signes, l'influence de l'occasion, et le penchant que les Français ont à imiter, craignent que la mode n'en revienne, et pensent qu'on ne combattra jamais efficacement le duel, tant qu'on en portera avec soi l'instrument.

§. XV.

Parmi les causes qui ont diminué la fréquence des duels, il faut compter pour quelque chose l'usage où on a été depuis quelques années de se battre au pistolet.

Cette méthode, qui nous vient d'Angleterre, a donné au duel une physionomie étrangère qu'il n'avait point auparavant; elle en a aussi dénaturé les chances, en ce qu'elle donne beaucoup au hasard, et presque rien à l'adresse et au courage; car dès que la balle a enfilé la ligne du corps, son effet est imparable.

Les suites en sont encore beaucoup plus cruelles, car s'il est vrai qu'on mourait d'un coup d'épée tout aussi-bien que d'un coup de pistolet, du moins les blessures de l'épée n'étaient ni si graves, ni si hideuses; elles ne déchiraient pas, elles ne fracassaient pas, elles ne laissaient pas des traces ineffaçables.

Ce dernier caractère fait qu'on y regarde à deux fois, et tel s'exposerait tous les jours gaîment à mourir d'un coup d'épée, qui frémit intérieurement en pensant qu'il peut revenir d'un combat au pistolet, borgne, balafré, et pour la vie estropié d'une jambe ou d'un bras.

Ceci me rappelle un fait arrivé, pendant la guerre de sept ans, au maréchal Luckner, pour lors colonel de hussards.

Un jour, comme il se trouvait aux avant-postes, il fut, après les préliminaires d'usage, abordé par un colonel allemand, qui lui dit en mauvais français: « Bonjour, M. le colonel Luckner; je vous » connais beaucoup de réputation, et je » viens vous demander de me faire l'hon- » neur de vider un pistolet avec moi. »

Les deux colonels étaient à cheval et armés; ainsi les préparatifs furent bientôt faits. Ils prirent du champ, revinrent l'un sur l'autre, firent feu, et l'Allemand eut le bras cassé. Il s'arrêta alors, et tendant à son vainqueur la main qui lui restait libre : Je vous souhaite bien le bonsoir, monsieur le colonel Luckner, lui dit-il ; je vous assure que vous videz un pistolet à merveille.

Cette espèce de duel, ou défi militaire, était connu des anciens : ce fut celui d'Ajax, de Manlius Torquatus, de David, et de tant d'autres dont l'histoire a conservé les noms.

§. XVI.

Les observateurs sont d'accord que le préjugé lui-même, au sujet du duel, a fort diminué. J'en trouve la preuve dans une brochure qui a paru au moment où j'allais livrer mon ouvrage à l'impression.

Elle est intitulée : *Lettre de sir James Crawfurd, au comte de**, pair d'Angleterre.*

Ce gentleman annonce que sur quelques contestations d'intérêt on lui a envoyé un cartel, et qu'il a refusé de se battre; il en donne les raisons, et s'explique après en ces termes :

« Voici donc des exemples, et des exem-
» ples que je me fais gloire de suivre.

» Milord Carlisle refusa de se battre
» avec M. de La Fayette, en Amérique,
» parce qu'il croyait que celui-ci n'avait
» pas droit de l'appeler en duel : feu M. le
» duc de Grafton a refusé de se battre avec
» milord Pomfred ; milord d'Arnley a re-
» fusé de se battre, il y a peu d'années,
» avec son cousin M. Bligh. Mirabeau re-
» fusa plusieurs fois de se battre ; ainsi
» je me trouve en fort bonne compagnie,
» tant du côté de la naissance que de ce-
» lui de l'esprit, qui sont si respectables
» quand ils sont réunis. »

Certes, il y a trente ans on n'eût point fait imprimer un pareil aveu, on ne l'eût point rendu public.

Cette tendance vers le bien doit être abandonnée à elle-même : une loi en troublerait la direction. Elle semblerait un défi fait au courage, et ne pouvant jamais, quoi qu'on fasse en ce moment, être tout-à-fait débarrassée des couleurs d'un parti, elle ferait naître d'un côté le ridicule, et de l'autre l'exaspération.

FIN

TABLE DES CHAPITRES.

DE L'IMPRIMERIE DE M. AUDIN.

LE PRÉSENT OUVRAGE, LE DIXIÈME DE LA COLLECTION ÉTABLIE POUR LA "SOCIÉTÉ DES MÉDECINS BIBLIOPHILES", PAR LES SOINS DE LA MAISON *LES ARTS ET LE LIVRE*, A ÉTÉ TIRÉ, SUR LES PRESSES DE M. AUDIN DE LYON, A 330 EXEMPLAIRES : 130 EXEMPLAIRES SUR VÉLIN BLANC DES MANUFACTURES DE RIVES, DONT 120 POUR LA "SOCIÉTÉ DES MÉDECINS BIBLIOPHILES", NUMÉROTÉS DE I A CXX, ET 10 POUR LES COLLABORATEURS, MARQUÉS DE A A J, TOUS SOUS DOUBLE COUVERTURE EN PAPIER MAGNANI ; ET 200 EXEMPLAIRES SUR VÉLIN TEINTÉ DES MANUFACTURES DE RIVES, DONT 180 POUR LES SOUSCRIPTEURS ÉTRANGERS A LA SOCIÉTÉ, NUMÉROTÉS DE 1 A 180, ET 20 EXEMPLAIRES HORS COMMERCE, NUMÉROTÉS DE 181 A 200.

Ex. No 160

www.ingramcontent.com/pod-product-compliance
Lightning Source LLC
Chambersburg PA
CBHW072059090426
42739CB00012B/2817

9782329042596